FALSOS, METIDOS E IMPOSTORES

>>>FALSOS, METIDOS E IMPOSTORES

AONDE FOI PARAR SEU VERDADEIRO EU?

BRENNAN MANNING<<

Traduzido por **Robinson Malkomes**

MC

Editora Mundo Cristão
São Paulo

Publicado originalmente por NavPress, Colorado Springs, EUA.

Editora responsável: Silvia Justino
Editora assistente: Tereza Gouveia
Assistente editorial: Miriam de Assis
Preparação: Malk Comunicação
Revisão: Malk Comunicação
Coordenadora de produção: Lilian Melo
Supervisão de produção: Ester Tarrone
Colaboração: Pâmela Moura
Capa: Douglas Lucas
Imagem: Andrejs Zemdega

Os textos das referências bíblicas foram extraídos da versão *Almeida Revista e Atualizada* (Sociedade Bíblica do Brasil), salvo indicação específica.

Dados Internacionais de Catalogação na Publicação (CIP)
(Câmara Brasileira do Livro, SP, Brasil)

Manning, Brennan

Falsos, metidos e impostores / Brennan Manning e Jim Hancock; tradução Robinson Malkomes. — São Paulo: Mundo Cristão, 2008.

Título original: Posers, fakers and wannabes
ISBN 978-85-7325-529-4

1. Adolescentes — Conduta de vida 2. Adolescentes — Vida religiosa
3. Auto-aceitação 4. Vida cristã I. Hancock, Jim, 1952-. II. Título.

08-02461 CDD-248.83

Índice para catálogo sistemático:
1. Adolescentes: Guias de vida cristã: Cristianismo 248.83
Categoria: Espiritualidade

Publicado no Brasil com todos os direitos reservados por:
Editora Mundo Cristão
Rua Antônio Carlos Tacconi, 79, São Paulo, SP, Brasil, CEP 04810-020
Telefone: (11) 2127-4147
Home page: www.mundocristao.com.br

1ª edição: maio de 2008

SUMÁRIO

O Porquê deste livro

... não ser outra pessoa a não ser você mesmo,
num mundo que, dia e noite, faz todo o possível
para que você seja outro, significa travar ininterruptamente
a mais árdua batalha que um ser humano pode travar.
E. E. CUMMINGS

Uma palavra de Brennan Manning

Em 1994, publiquei um livro chamado *O impostor que vive em mim,* e um dos capítulos se chamava "O impostor". Foi esse capítulo que recebeu mais atenção do público, mais que todos os outros juntos. Para um grande número de leitores, "O impostor" é a essência de todo o livro. Isso não me surpreende.

O impostor continua mostrando o rosto em minha vida e sempre se utiliza de disfarces novos e sinistros. Astuto personagem do meu verdadeiro eu, ele me prepara emboscadas dia após dia. Nesses últimos tempos, tem se aproveitado de meus "momentos de senilidade", impedindo que eu me lembre se hoje de manhã tomei meu antidepressivo e minhas vitaminas.

Esse hipócrita maquiavélico se aproveita da minha amnésia temporária para me fazer esquecer de que devo à graça tudo o que sou. Tudo. Até a graça para entender a graça é graça. Em vez de ficar boquiaberto diante da extravagância do amor de Deus, há muitos dias em que simplesmente espero por ele. Em vez de uma gratidão sincera pela generosidade das dádivas que

Deus derrama sobre mim sem restrições e sem que eu as mereça, muitas vezes sou dominado por um sentimento arrogante de satisfação diante do que consigo fazer e por uma falsa segurança de superioridade espiritual.

O impostor é complicado, traiçoeiro e sedutor. Ao mesmo tempo que me tenta com um sentimento de auto-satisfação, ele também abala os fundamentos do meu eu mais autêntico, minha identidade de filho amado de *Aba*. (Aba é uma palavra aramaica que denota certa intimidade e se traduz por *pai*; grosso modo, equivale à expressão papai. Jesus chocou os líderes religiosos do primeiro século ao dirigir-se ao Criador como *papai* — *Aba*. Depois falaremos mais sobre isso.) O impostor tenta me convencer de que, não importa o que Deus diga, *filho de Aba* é uma falsa identidade, totalmente fora do meu alcance. O impostor quer me fazer acreditar que minha única esperança está em forjar meu verdadeiro eu e, a exemplo do que diz e. e. cummings, transformar-me em "outra pessoa".

Se não fosse comigo, eu diria que se trata de uma luta fascinante. Nos últimos anos, minha maior dificuldade tem sido levar o impostor — o hipócrita — à presença de Jesus, em vez de ficar tentando discipliná-lo por conta própria. Mas trata-se de mim, e não há nada de fascinante nisso. Quero fazer o hipócrita se render. Quero vencer essa guerra comigo. Ledo engano. Em vez de submeter a Cristo o meu eu centrado em si mesmo, tento espancá-lo até à morte. Daí eu me desanimo e concluo que minha suposta vida espiritual não passa de ilusão e fantasia.

Esse comportamento é meu velho conhecido. Aos 23 anos de idade, eu era noviço da Ordem Franciscana em Washington, D.C., nos Estados Unidos. A ordem costumava pôr em prática uma antiga disciplina espiritual nas noites de sexta-feira durante a Quaresma. Um sacerdote ficava em pé, junto ao vão da escadaria no primeiro andar, e lentamente recitava em voz alta o salmo 51 em latim: *Misere me, Domine, secundum misericordiam, tuam...* enquanto nós entrávamos em nossos minúsculos aposentos no segundo andar, cada um com seu instrumento de tortura de uns trinta centímetros: um pedaço de fio de telefone espiralado com nó na extremidade. Seguindo aquela antiga tradição, enquanto durasse o salmo, golpeávamos as costas e o quadril para extinguir as chamas da sensualidade. Na primeira sexta-feira à noite, apliquei os golpes com tanta determinação, que fiquei com bolhas de sangue pelas costas.

No outro dia, no lugar onde tomávamos banho, um sacerdote olhou para o meu corpo marcado e relatou o que viu ao chefe dos noviços, que me repreendeu por ter ido longe demais. De fato, eu havia exagerado. Eu estava tentando a todo custo ser agradável aos olhos de Deus.

O mesmo não acontecia com o irmão Dismas, que morava no aposento ao lado do meu. Eu o ouvia enquanto ele se chicoteava com tanta violência, que cheguei a temer por sua saúde e sanidade mental — mas era tanta violência, que me arrisquei a espiar através da porta rachada. Ele estava ali sentado com um sorriso nos lábios e um cigarro na mão esquerda. Era na parede que ele estava batendo, não no próprio corpo. Sabe qual foi minha reação? Tive compaixão daquela pobre alma e voltei para o meu aposento com uma insuportável sensação de superioridade espiritual!

Não recomendo muito o método dele nem o meu.

• • •

Escrever *O impostor que vive em mim* foi uma intensa experiência espiritual para mim. Ouvi dizer que sua leitura tem sido uma profunda experiência para pessoas de todo o mundo. *O impostor que vive em mim* tem sido traduzido para línguas que eu não falo, porque, pelo que parece, pessoas de outras culturas — espanhola, francesa, alemã — podem entender a mensagem se ela estiver em sua língua-mãe. Fico empolgado quando vejo como consegui transmitir verdades que atravessam barreiras culturais.

Chegou a hora de contemplar um dialeto que não falo, pelo menos não falo bem. É a língua da cultura pop, o dialeto dos jovens. Por isso, Jim Hancock, veterano líder de jovens, e eu estamos traduzindo *O impostor que vive em mim* para leitores das gerações emergentes. Essa tradução se chama *Falsos, metidos e impostores*.

Oro para que este novo livro chegue a lugares aonde não posso ir e alcance pessoas cujo coração eu conheço, embora não falemos exatamente a mesma língua.

Faço minhas as palavras de Larry Hein, diretor espiritual hoje aposentado, que escreveu esta bênção:

> Que todas as suas expectativas se frustrem, todos os seus planos fracassem, todos os seus desejos dêem em nada, para que você experimente a fragilidade e a humildade de uma criança e cante e dance no amor de Deus, que é Pai, Filho e Espírito. E hoje, no planeta Terra, que você possa experimentar a maravilha e a beleza de si mesmo como filho de Aba e como templo do Espírito Santo, por meio de Jesus Cristo, nosso Senhor.

BRENNAN MANNING

UMA PALAVRA DE JIM HANCOCK

Brennan e eu chegamos a este livro por caminhos diferentes. Sou presbiteriano e, há muito tempo, líder de jovens, nascido na família de um pregador da convenção batista do sul dos Estados Unidos, um fundamentalista em recuperação.

A primeira vez que recorri ao impostor foi quando eu estava levando uma vida dissimulada durante o ensino médio. Eu queria me sentir aceito. Tinha medo de ser rejeitado. O impostor me ajudou a parecer melhor do que eu era (ou pior, se pior fosse melhor). Ele me ajudou a ocultar a verdade das pessoas que, pensava eu, podiam me julgar de forma tão sumária como eu costumava me julgar. E continuei a ouvir os seus conselhos, pois a grande maioria deles funcionava.

O impostor é *o homem das mil faces*. Ele me ensinou a inventar máscaras para quaisquer ocasiões, usando o que estivesse à minha volta. Com os meus amigos que gostavam de música, eu tinha as mesmas preferências musicais. Com os meus amigos esportistas eu era introspectivo e falava pouco. Quando estava com crianças muito inteligentes, eu dava um jeito e as ludibriava com conversas superficiais ou inventava coisas (espere aí... acho que ainda faço isso!). Com a ajuda do impostor, consegui me sair bem no ensino médio, mas foi uma tarefa difícil e exaustiva. Eu ia à igreja (face espiritual), passava tempo com os amigos (face do cara sabido), saía um pouco (face sincera). Tantos disfarces, tão pouca diversão de verdade, desempenhando todos aqueles papéis sem saber quem *eu* era. Ou se, no final das contas, eu era alguém.

Eu era uma busca impossível, procurando minha identidade na vida de outras pessoas. E admirava muito algumas delas, pois, como diz o meu amigo Michael Yaconelli, eu julgava o que sei sobre mim a partir do que não sabia sobre elas. Eu sentia medo de algumas daquelas pessoas, pois eram influentes e num piscar de olhos podiam significar o céu ou o inferno para a posição social de alguém. E havia também algumas poucas pessoas que me fascinavam, pois, baseado no que eu conseguia enxergar, elas não davam a mínima para o que os outros pensavam delas — não ligavam nem mesmo se as pessoas não pensassem nada.

Representei papéis para todas elas. Eu não sabia mais o que fazer.

Se eu soubesse o que sei agora, teria relaxado, teria tratado a mim mesmo com mais condescendência, teria parado de tentar melhorar a realidade.

• • •

Eu estava num acampamento de verão quando me dei conta de que poderia não ter o que era necessário para ser feliz, muito menos para ser bom. Pelo que me constava, meu segundo ano naquela escola havia sido o melhor possível, mas eu havia detestado tudo aquilo. Olhei com total sobriedade para o melhor ano da minha vida e disse em voz alta: *estraguei tudo o que procurei fazer*. Eu estava cansado de sentir medo. Estava cansado de ficar sozinho. Estava cansado de ser uma farsa.

Então, pela primeira vez na vida, entreguei os pontos. Dobrei-me diante da esperança de que Deus poderia fazer por mim tudo o que eu não conseguia fazer por conta própria. Eu era o filho pródigo que voltava para casa para pedir ao pai algum trabalho na sua propriedade. Eu era o Pinóquio que voltava para casa — havendo me comportado de maneira ridícula, meu nariz estava com um quilômetro de comprimento por causa de tantas mentiras — e agora tinha esperança de que Gepeto poderia (e iria) me transformar num garoto de carne e osso.

E quer saber da verdade? Deus fez o que eu não consegui fazer. Meu último ano no ensino médio foi uma mistura de sentimentos de grande alegria com momentos muito bons. E eu estava mesmo me transformando numa pessoa melhor — tratando melhor as pessoas e assumindo responsabilidades. E ainda por cima estava me sentindo verdadeiramente espiritual, como nunca antes. Às vezes eu acordava no meio da madrugada para orar e fazer anotações em meu caderno; depois disso, eu fechava os olhos e, feliz da vida, voltava a dormir. Era maravilhoso!

Mas chegou uma hora em que comecei a simular essas coisas.

"Comecei a simular" parece um jeito meio intempestivo de falar, como se aquilo existisse num dia e desaparecesse no outro. Foi assim que o impostor me envolveu: aquela semana no acampamento de verão havia sido tão diferente de qualquer outra coisa que eu já tinha experimentado, apesar de ter crescido indo à igreja, que fiquei em dúvida se, quando voltasse para casa, encontraria alguém que fosse tão cristão como eu tinha passado a ser. Esse pensamento era sincero, não se tratava de arrogância. Ainda não.

Pedi informações em minha cidade e encontrei uma pessoa que alegava ser cristã como eu. Ele me pareceu ser um bom sujeito, e combinamos estudar a Bíblia juntos. Trouxemos outro cara, mais outro, depois mais dois, de modo que acabamos formando um pequeno grupo. Que coisa boa! Eu nunca havia estudado a Bíblia desse jeito, e aquilo que fazíamos parecia-me real e cheio de vida como nada antes.

Não demorou para que alguns adultos bem-intencionados começassem a me ensinar um esboço de três pontos, para que eu falasse aos outros sobre minha nova fé:

1. Minha vida antes de me encontrar com Cristo.
2. Como me encontrei com Cristo
3. Minha vida depois de me encontrar com Cristo

O que poderia ser mais simples, mais claro, mais honesto e mais direto que isso?

Bom, para mencionar uma coisa, a verdade sobre o terceiro ponto, "Minha vida depois de me encontrar com Cristo". Seis meses depois, eu certamente teria recebido um "Muito Bem!" no meu boletim espiritual, mas é certo que não teria sido (nem hoje seria) um dez com louvor. Progresso? Sim. Perfeição? Você deve estar brincando!

Foi então que o impostor apareceu de novo. Ele sabia e assinalou com detalhes como minha mudança de vida havia sido incompleta. Uma vez que meus amigos e parentes já sabiam que TODAS AS COISAS HAVIAM MUDADO!, e era tarde demais para voltar atrás, ele sugeriu que talvez eu devesse me alegrar com a realidade dos fatos da minha experiência (só um pouco) para evitar que as pessoas ficassem confusas e decepcionadas.

E foi isso que fiz durante ... não sei exatamente ... uns vinte anos mais ou menos. Durante esse período, fiz parte de equipes de liderança e depois me tornei pastor de jovens "de carteirinha". Casei-me e tornei-me pai. Eu era preletor em retiros e criava recursos para gente que trabalhava com jovens. E tenho orgulho de dizer que, com a competente ajuda do impostor, as coisas foram bem na maior parte do tempo. O impostor me recomendou que informasse a você que, ao contrário de Brennan, que admite ser alcoólico, sóbrio pela graça de Deus, eu nunca fiquei bêbado, nunca fumei, nunca me deitei com outra mulher que não fosse minha esposa, nunca colei numa prova, nunca furtei nada em lojas. Como você pode ver, minha ficha é bem limpa, certo?

Opa ... não é bem assim! Todas essas declarações correspondem aos fatos, mas elas não são de todo verídicas, pois nenhuma daquelas coisas jamais representou uma tentação que eu tivesse de enfrentar. Nunca me embebedei nem fumei, mas tenho estado perigosamente acima do peso, pois sou sempre tentado a comer sem moderação quando estou sofrendo, ou bravo, ou triste — ou, para esse fim, alegre. A comida é minha droga preferida (legal, barata e ao meu alcance!). Nunca me deitei com outra mulher que não fosse minha esposa, mas ainda me sinto forte e sexualmente compulsivo, e todos os dias sou tentado a cair vítima desse comportamento. Nunca colei numa prova, mas exagero e sempre sou tentado a mentir, para que as pessoas pensem bem de mim (e sei como se faz isso, pois já fiz muitas vezes). Nunca roubei em lojas, mas tenho usado meus cartões de crédito para gastar milhares de dólares com coisas que jamais vou usar, pois o que eu realmente estava comprando era a emoção de comprar coisas que amenizassem algum sofrimento ou ausência que eu sentisse no momento (em vez de entregar esse sofrimento a Jesus). E ainda sou tentado a agir assim praticamente todos os dias. Não acho que mereça algum crédito por aquilo que deixei de fazer, porque, mais

Ele sugeriu que talvez eu devesse me alegrar com a realidade dos fatos da minha experiência (só um pouco) para evitar que as pessoas ficassem confusas e decepcionadas.

cedo ou mais tarde, acabo fazendo tudo o que sou seriamente tentado a fazer.

Neste exato momento, o impostor está muito insatisfeito comigo. Ele não gosta quando eu falo desse jeito. Ele ainda tem medo da verdade, medo de que você coloque este livro de lado e peça seu dinheiro de volta, pois, afinal de contas, por que alguém iria querer ler alguma coisa escrita por um alcoólico sóbrio e por um farsante que ainda nem se recuperou direito?

Brennan e eu resolvemos dizer ao impostor que ele vá cuidar da própria vida, enquanto explicamos direito algumas coisas. Estamos cansados de ser hipócritas e farsantes e, por isso, acima de tudo, queremos viver de acordo com o que realmente somos — filhos de Aba.

• • •

Para simplificar as coisas, neste livro o pronome "eu" sempre se refere a Brennan, a não ser que o avisemos de que o "eu" se refere a Jim. O pronome "nós" refere-se a nós e a todos os nossos colegas hipócritas e farsantes — nós sabemos quem somos...

Esperamos que tudo isso lhe seja útil da mesma forma que tem sido para nós. E, por favor, mande-nos sua opinião.

JIM HANCOCK

CAPÍTULO UM

SAIA, SAIA, DE ONDE QUER QUE VOCÊ ESTEJA

É noite. Ruller está acordado, ouvindo seus pais conversarem no quarto ao lado.

O pai diz: — O Ruller é meio esquisito. Por que ele está sempre brincando sozinho?

— Como eu posso saber? — responde a mãe do meio da escuridão.

Ruller é uma criação de Flannery O'Connor; é um garoto de uma cidadezinha e está desabrochando para o mundo.

É dia. No meio da mata, Ruller corre atrás de um peru selvagem que está ferido. *Ah, se eu conseguisse pegá-lo,* é o que ele pensa e, caramba, ele *vai* pegá-lo, mesmo que tenha de correr para fora do estado. Ruller imagina-se entrando triunfante pela porta da frente, com a ave sobre o ombro, e toda a família exclamando admirada:

— Olha, o Ruller está trazendo um peru! Ruller, onde foi que você conseguiu esse peru?

— Ah, eu peguei no meio do mato. Se quiserem, qualquer dia pego outro para vocês.

Mas pegar aquela ave ferida é muito mais difícil do que ele pensava. Então lhe ocorre outra idéia: "Acho que Deus vai me fazer correr à toa atrás desse maldito peru a tarde inteira". Ele sabe que não devia pensar isso de Deus — mas é assim que ele está se sentindo. E quem pode culpá-lo por estar se sentindo desse jeito?

Ruller tropeça, cai e fica ali no meio da sujeira, pensando se ele é mesmo esquisito.

Mas, de repente, a caçada chega ao fim. O peru cai morto por causa do tiro que havia levado. Ruller coloca a ave sobre o ombro e começa sua marcha triunfal para casa, que fica bem no centro da cidade. Então se lembra do que pensou a respeito de Deus antes de capturar a ave. Eram pensamentos bem ruins, ele confessa. É provável que Deus esteja chamando sua atenção, detendo-o antes que fosse tarde demais. E então exclama: "Obrigado, Deus! O senhor foi extremamente generoso".

Ele pensa que aquele peru pode ter sido um sinal. Pode ser que Deus queira que ele se torne um pregador. Ruller quer fazer alguma coisa para Deus. Se naquele dia encontrasse um pobre na rua, iria dar-lhe sua moeda de dez centavos. É a única que ele tem, mas Ruller pensa que, por causa de Deus, ele a daria ao pobre.

Andando agora pelo meio da cidade, as pessoas ficam admiradas com o tamanho da ave que ele carrega. Homens e mulheres ficam olhando para ele. Um grupo de crianças da roça o acompanham. Então certo homem pergunta:

— Quanto você acha que ele pesa?

— Pelo menos uns cinco quilos.

— Quanto tempo você correu atrás dele?

— Mais ou menos uma hora.

— Que coisa impressionante!

Mas Ruller não está com tempo para conversa fiada. Ele mal pode esperar para ouvir o que seu pessoal vai dizer quando ele chegar em casa com aquela caça.

E torce para encontrar alguém mendigando. Com certeza ele lhe daria sua moeda. "Senhor, mande um mendigo. Mande um antes que eu chegue em casa." E ele sabe que Deus vai lhe enviar um mendigo, pois é uma criança incomum.

"Por favor, um mendigo agora mesmo", é a oração de Ruller. No exato momento em que ele diz isso, uma mendiga velhinha anda em sua direção. O coração de Ruller quase salta pela boca. Ele avança na direção da mulher, gritando: "Aqui, aqui!". Coloca a moeda na mão dela e continua a andar sem olhar para trás.

Aos poucos seu coração desacelera e ele sente algo inusitado — como se estivesse feliz e sem graça ao mesmo tempo. Ruller está andando sobre as nuvens — ele e a ave que Deus lhe enviou.

Nesse momento ele percebe a presença das crianças que o seguiam. Todo generoso, vira-se e pergunta:

— Vocês querem ver o peru que eu cacei?

As crianças ficam olhando para ele.

— Eu o persegui até ele morrer. Olhem só a marca do tiro debaixo da asa.

— Deixe eu dar uma olhada — diz um dos meninos. Então, num gesto inesperado, o menino pega a ave, coloca-a sobre o próprio ombro e, girando o corpo, atinge o rosto de Ruller enquanto sai. E fica tudo por isso mesmo. Os meninos saem andando e levam o peru que Deus lhe havia mandado.

Antes que Ruller conseguisse se mexer, os garotos já estavam a um quarteirão de distância. Desaparecem na escuridão, e Ruller começa a se arrastar para casa, mas logo dispara numa corrida. E Flannery O'Connor termina a impressionante história de Ruller com as seguintes palavras: "Ele corria cada vez mais e, ao chegar à estrada que dava para sua casa, estava com o coração tão acelerado quanto as pernas e com a certeza de que havia Algo Terrível atrás de si, com os braços rígidos e as mãos prontos para agarrá-lo".[1]

Algo Terrível.

Medo

"O que vem à nossa mente quando pensamos em Deus é o que existe de mais importante a nosso respeito."[2] Foi assim que

[1] *The Collected Works of Flannery O'Connor,* p. 42-54.

[2] A. W. Tozer, *The Knowledge of the Holy,* p. 9.

A. W. Tozer se expressou ao falar como as pessoas projetam no mundo a opinião que têm de Deus. Ele pergunta aos que crêem em Deus — e a maioria de nós crê — quem é o Deus em que cremos? Boa pergunta.

Muita gente pensa o mesmo que Ruller sobre Deus. O Deus em quem cremos é Alguém que nos dá um peru com uma mão e o tira com a outra. Quando ele dá, vemos nisso um sinal de que Deus se importa conosco. Quando conseguimos o que queremos, a sensação é de que estamos perto de Deus, o que também faz com que nos sintamos generosos. Assim, todo mundo fica satisfeito, certo?

Mas a história é diferente quando perdemos o peru — um claro sinal de rejeição. Procuramos entender o motivo. *Onde foi que eu errei? Por que Deus está bravo comigo? Deus está tentando me ensinar alguma coisa?*

A maioria de nós jamais fala algo assim em voz alta nem se arrisca a pensar muito nisso, mas quando perdemos o peru, passamos a pensar que Deus é imprevisível, mal-humorado, mesquinho e injusto. São pensamentos que nos afastam dele e nos fazem mergulhar em nós mesmos. Deus se transforma num contador que contabiliza cada passo em falso, cada erro, cada burrada, e debita tudo contra nós. Deus é alguém rancoroso que nos arranca das mãos família, amigos, saúde, dinheiro, satisfação, sucesso e alegria.

Quando perdemos o peru, passamos a pensar que Deus é imprevisível, mal-humorado, mesquinho e injusto.

Mas daí pensamos: "quem pode jogar a culpa em Deus? É sério. É só olhar para mim — olhe para mim! Minha vida é uma bagunça. P'ra início de conversa, eu jamais teria conseguido caçar o peru. Se ele não tivesse caído morto na minha frente, eu não conseguiria".

Então projetamos em Deus os piores sentimentos e idéias que temos sobre nós mesmos. Como alguém já observou, "Deus nos fez à sua imagem, e nós prontamente lhe retribuímos a gentileza". Se sentimos que nos odiamos, a conclusão lógica é que Deus nos odeia. Certo?

Não, não é bem assim.

Não é bom pressupor que Deus sente em relação a nós o mesmo que sentimos — a não ser que nos amemos intensa e livremente com sabedoria plena e compaixão infinita. Se a história do cristianismo é verídica, o Deus que revela seu amor por nós em todos os lugares, em todas as coisas, expressa esse amor de forma plena e definitiva naquilo que Jesus fez em nosso favor. A transação está completa. Nada a acrescentar. Nada a retirar. Alguma pergunta?

Bom, para dizer a verdade, temos algumas perguntas. É fácil fazer essas afirmações a respeito de Deus, principalmente quando se trata de fazê-las para os outros, mas não é tão simples acreditar nelas. Juliana de Norwich foi de uma precisão cirúrgica quando escreveu: "Algumas pessoas crêem que Deus é todo-poderoso e capaz de tudo, que ele tem uma sabedoria absoluta e poder para fazer todas as coisas, mas que ele tem um amor absoluto e realmente fará todas as coisas é outra história. Na minha opinião, essa ignorância é o maior de todos os obstáculos para quem ama a Deus".[3] Aonde pensamos que estamos indo quando nos afastamos de Deus?

Os pequenos deuses que adoramos quando nos afastamos do verdadeiro Deus são ídolos que criamos para se parecerem conosco. Sem uma profunda conversão, não é possível aceitar que Deus é incansável em sua ternura e compaixão para conosco do jeito que somos — e não apesar de nossos pecados e faltas, mas neles e por meio deles. Como diz Anne Lamott, "o segredo é que Deus nos ama *exatamente* como somos, e ama tanto que não irá nos deixar nesse estado; e estou tentando confiar nisso".[4] Há duas coisas que ela deixa claras nessa declaração: Deus não vai deixar de trabalhar

[3] *The Revelations of Divine Love*, cap. 73.
[4] *Operating Instructions*, p. 96.

em nós, até que sua obra esteja pronta E Deus não retém seu amor porque o mal está em nós. Nem agora, nem nunca.

Certa noite, um amigo meu perguntou ao filho deficiente:

— Daniel, quando você vê Jesus olhando para você, o que é que você enxerga nos olhos dele?

Depois de um longo silêncio, o menino respondeu:

— Os olhos dele estão cheios de lágrimas, papai.

Hesitando nas palavras, seu pai lhe perguntou:

— Por quê, Daniel?

Outro momento de silêncio, mais longo ainda.

— E por que ele está triste?

Daniel olhou para o chão. Ao levantar a cabeça, seus olhos estavam rasos d'água.

Entristecemos o coração de Deus quando, ao tropeçar, corremos dele e não para ele.

— Porque eu estou com medo.

Puxa! Não era para ser assim. Deus jamais quis que tivéssemos medo. João escreve: "No amor não existe medo; antes, o perfeito amor lança fora o medo. Ora, o medo produz tormento; logo, aquele que teme não é aperfeiçoado no amor".[5] Entristecemos o coração de Deus quando temos medo dele, medo da vida, medo do outro, medo de nós mesmos.

Assim, fazemos tudo o que está ao nosso alcance para olhar apenas para o nosso umbigo, para sermos auto-suficientes, para que nossa satisfação não dependa dos outros. É como o ditado que diz: "Melhor estrada velha que vereda nova".

Entristecemos o coração de Deus quando, ao tropeçar, corremos dele e não para ele.

Ódio

Para um alcoólico, um "descuido" é uma experiência aterradora. A obsessão física e mental pela bebida chega como uma

[5] 1João 4:18.

rápida inundação num local que todos pensavam ser seco e inatingível. Quando a pessoa que bebeu volta à sobriedade, ela se sente arrasada.

Isso não é apenas teoria. Eu sou alcoólico. Minha vida foi arruinada pelo álcool e restaurada pelo amor incondicional de Jesus. Quando tive uma recaída, restaram-me duas opções (e somente duas): dobrar-me outra vez diante da culpa, do medo, da depressão e talvez diante da morte provocada pela bebida, ou correr de volta para os braços do meu Pai celestial.

A verdade é a seguinte: não é nenhum bicho de sete cabeças sentir-se amado por Deus quando nossa vida está em equilíbrio e contamos com nossos sistemas de apoio. Quando nos sentimos fortes, a auto-aceitação acontece com mais facilidade.

Mas, e quando perdemos o controle das coisas? E quando erramos ou deixamos de fazer o que é certo, quando nossos sonhos se despedaçam, quando as pessoas que amamos não confiam em nós, quando decepcionamos a nós mesmos? E quando não somos melhores que as pessoas que sempre menosprezamos? Como ficamos?

Pergunte a alguém que tenha acabado de passar por um rompimento, seja a perda de um amigo, seja o divórcio dos pais. Ele já se reequilibrou? Sente-se seguro? Digno? Sente-se como um filho amado de Aba ou deixou de sentir o amor de Deus quando perdeu o controle da situação? Essa pessoa experimenta o amor de Deus quando tudo parece estar detonado ou somente quando as coisas vão *bem* — somente quando *ela vai bem?*

Deus não fica chocado quando caímos. Não mais do que uma mãe que vê seu filhinho tropeçar, cair e se meter em situações das quais não consegue sair. Juliana de Norwich escreveu: "O Senhor não quer que seus servos entrem em desespero", por mais freqüentes e duras que sejam as nossas quedas, porque "o fato de cairmos não se transforma em obstáculo ao seu amor".[6]

[6] Op. cit., cap. 39.

Acreditar nisso não é tarefa fácil. Pessoas como nós são muito desconfiadas desse tipo de coisa. Achamos que deve haver alguma armadilha. E se não é fácil aceitar algo assim com a nossa mente, muito mais complicado é aceitá-lo do fundo do coração. Somos tão tímidos (ou seria orgulhosos?), que dificilmente conseguimos pedir a misericórdia que tanto necessitamos. Não porque odiemos a Deus ou porque ele nos odeie, mas porque odiamos a nós mesmos.

SEGURANÇA

Se você tiver de aprender uma só verdade, aprenda esta: a vida espiritual começa com nossa aceitação do amor pleno e sincero de Deus pelo nosso eu ferido, quebrantado, hostil e triste. Não há outro ponto de partida.

Deus nos chama a todos para fora do esconderijo. Ele nos chama de onde quer que tenhamos ido para encontrar vida, chama-nos de volta para casa. Deus é o pai que ama loucamente, que fica esperando na janela até que o filho que se perdeu recupere o juízo e pense no caminho de volta, o pai que agora corre para se encontrar com seu garoto e abraçá-lo, carregando-o pelos últimos metros da caminhada, de modo que possam recomeçar a vida do zero, como se nada de mau houvesse acontecido, como se a festa que ele pretende dar naquela noite fosse para comemorar o nascimento do filho.

Sempre foi assim. Adão e Eva ficaram envergonhados quando desobedeceram a Deus e, por isso, esconderam-se. E de um jeito ou de outro, desde então eles têm sido modelos para nós. Por quê? Porque detestamos que os outros vejam o que realmente somos, e isso tem pouca relação com a dimensão da maldade que poderíamos atingir e tudo a ver com o fato de não sermos o que poderíamos e deveríamos ser — o que aspiramos e talvez até finjamos ser.

Conhecemos a verdade sobre nós mesmos — ou pelo menos a maior parte dela — e essa verdade não é muito bonita, não.

Nosso jeito de lidar com o que há de feio em nós passa principalmente pelo caminho da desconversa: Ei, dá uma olhada como *aquele* cara é feio! Olha o monte de coisas que eu *não* faço! Procuramos solucionar as coisas por meio de uma farsa, pondo-nos debaixo de uma capa quando nos vemos numa situação de pressão — escondemo-nos. Isso nunca foi solução.

Simon Tugwell escreveu:

> Escondemos atrás de alguma aparência que julgamos mais agradável tudo o que sabemos e sentimos acerca de nós mesmos (coisas que achamos que os outros nunca haverão de aceitar nem de amar). Escondemo-nos atrás de um rosto bonito que arranjamos para o bem do nosso público. Com o tempo podemos até nos esquecer de que estamos nos escondendo e vir a pensar que realmente somos aquele rosto bonito que arranjamos.[7]

Agora, surpresa! Quer alguém já tenha se incomodado em nos dizer essas coisas, quer gostemos delas, quer não, Deus ama a pessoa que realmente somos. Assim como chamou todos os outros desde Adão e Eva, Deus nos chama para sairmos do nosso esconderijo do jeito que estamos. Não há tratamento de beleza que possa nos tornar mais apresentáveis a Deus — ele nos aceita no estado em que nos encontramos e diz: "Tenho andado à sua procura! Tenho o lugar perfeito para você!".

Se o que Deus diz a nosso respeito é a expressão máxima da verdade, então é lógico que devemos segui-lo e aceitar nosso presente estado como ponto de partida. Thomas Merton disse: "A razão por que nunca chegamos a um relacionamento dos mais profundos com Deus é que raramente reconhecemos que não somos nada diante dele".[8] Se confessarmos a verdade a nosso respeito, teremos todos os motivos para ter medo de

[7] *The Beatitudes: Soundings in Christian Tradition,* p. 130.
[8] *The Hidden Ground of Love: Letters,* p. 38.

que Deus venha a dizer "sim, é isso mesmo, e tem mais uma coisa...", e não temos dúvida de que sempre haverá mais alguma coisa. Somos como as pessoas que temem dizer ao médico onde dói, pois têm medo de que a doença seja mais grave do que imaginam.

E *estamos* mais doentes do que imaginamos. Estamos morrendo e, por mais maluco que isso possa parecer, fugimos do médico porque temos vergonha e nos odiamos por o tudo o que somos e por tudo o que não somos.

O Deus que nos chamou à existência é o Deus que nos diz agora: "Pare de odiar a si mesmo e venha para o meu amor. Venha para mim *agora mesmo"*. Ele diz: "Esqueça de si mesmo. Aceite quem eu anseio ser em seu favor, quem eu *sou* por você — seu Resgatador — meu amor não tem fim, minha paciência é eterna, meu perdão é irresistível. Pare de projetar sobre mim seus sentimentos doentios. Você é uma flor cujo caule se quebrou — eu não a esmagarei — uma vela de luz bruxuleante — eu não a apagarei. De uma vez por todas, relaxe: *onde quer que seja, comigo você está em segurança"*.

De uma vez por todas, relaxe: onde quer que seja, comigo você está em segurança.

Rejeição

Uma das maiores contradições entre os cristãos está na antipatia que temos por nós mesmos. A implicância e a falta de tolerância que temos com nossas fraquezas são muito maiores do que as que temos com outras pessoas. David Seamands enxerga assim essa questão:

> A maior arma psicológica de Satanás é um sentimento visceral de inferioridade, incompetência e baixa auto-estima. Tal sentimento escraviza muitos cristãos, apesar de muitas experiências espirituais e do conhecimento da Palavra de Deus.

> Embora compreendam que desfrutam da condição de filhos de Deus, eles se acham imobilizados, presos por um terrível sentimento de inferioridade e acorrentados a um profundo senso de indignidade.[9]

Conta-se uma história interessante de um homem que sofria de depressão crônica e foi buscar ajuda do psicólogo Carl Jung. O psicólogo lhe disse que reduzisse sua jornada de trabalho de catorze horas para oito, fosse diretamente para casa e passasse as noites sozinho e em silêncio. Então ele começou a passar todas as noites trancado em casa, lendo Thomas Mann e Herman Hesse e tocando Mozart e Chopin em seu piano.

Poucas semanas depois, o homem procurou novamente Jung, contou o que vinha fazendo e queixou-se de que não havia sentido melhora alguma. Jung respondeu:

— Mas você não me entendeu. Eu não disse que você devia ficar na companhia de Hesse, Mann, Chopin ou Mozart. Eu mandei que você ficasse completamente sozinho.

Ficamos tão paralisados pela auto-rejeição, que neutralizamos a ação do Espírito de Deus em nós.

Com o olhar aterrorizado, o homem respondeu:

— Mas não poderia haver uma companhia pior que essa.

Então, Jung devolveu:

— Mas é a essa pessoa que você submete os outros catorze horas por dia.[10]

Odiar a si mesmo é uma atitude que se põe como uma nuvem entre os cristãos e o Pai das luzes. Ficamos apavorados com a possibilidade de estar sozinhos em silêncio. Ficamos tão paralisados pela auto-rejeição, que neutralizamos a ação do Espírito

[9] *Healing for Damaged Emotions,* p. 49.

[10] Morton Kelsey, *Encounters with God.*

de Deus em nós, obstruindo o alimento que deveria nos fazer crescer, florescer e produzir fruto.

Ouvimos a voz de adultos autoritários, membros de igreja moralistas, parceiros cruéis, amigos desleais. Até aquele que olha para nós quando olhamos para o espelho reflete nada mais que julgamento e desculpas esfarrapadas:

"Você nunca vai ser ninguém."

"Você nunca vai crescer."

"Você é igualzinho ao seu pai."

"Como é que você pode ser assim?"

"Nem invente de abrir seu próprio negócio."

Não é de admirar que tanta gente queira se dopar. O álcool e outros depressores dão conta do recado, assim como também a obrigação auto-imposta de superar as expectativas dos outros e todas as formas de agradar as pessoas ao nosso redor. O mesmo efeito pode ser obtido pela ingestão de alimentos ricos em calorias e de lanches rápidos, que elevam o nível de açúcar no sangue, e pelos estimulantes, que disparam o coração e tornam a pessoa ultra-sensível aos estímulos visuais e auditivos, ao toque e ao paladar. O sexo casual também pode servir para nos dopar. E o mesmo efeito pode ser alcançado pela auto-agressão e por todo tipo de sofrimento que infligimos a nós mesmos, se a dor que sentimos for piorando com o tempo.

Henri Nouwen escreveu:

> Percebi que a grande armadilha na nossa vida não é o sucesso, nem a popularidade, nem o poder, mas a auto-rejeição. É fato que o sucesso, a popularidade e o poder podem ser uma grande tentação, mas o poder de sedução que eles têm sobre nós está intimamente relacionado com o papel que desempenham na tentação da auto-rejeição, esta sim muito maior. Quando passamos a acreditar nas vozes que nos dizem que somos indignos e não merecemos ser amados, o sucesso, a popularidade e o poder apresentam-se facilmente como soluções que nos

> atraem. A grande armadilha, no entanto, é a auto-rejeição [...] Ela é o pior inimigo da vida espiritual, pois contradiz a voz sagrada que nos chama de Amados. Sermos Amados constitui a grande verdade acerca de nossa existência.[11]

Aprendemos a ser flexíveis com nós mesmos quando experimentamos a compaixão íntima e afetuosa de Jesus. Quando ele tem liberdade em nosso coração, propicia-nos luz e calor e, pouco a pouco, renovação, até que a fortaleza das trevas se transforme num palácio.

SOLITUDE

No verão de 1992, passei vinte dias num chalé nas Montanhas Rochosas no estado do Colorado. Esse retiro aliava aconselhamento, silêncio e, com exceção da presença do meu conselheiro, isolamento total. Foi um passo gigantesco que dei em minha caminhada interior. Todos os dias, logo cedo, eu me reunia com um psicólogo, e ele me ajudava a recuperar lembranças e sentimentos reprimidos da minha infância. No restante do dia, eu ficava sozinho no chalé, sem televisão, sem música, sem leitura.

Com o passar dos dias, percebi que eu havia perdido a capacidade de realmente *sentir* alguma coisa desde os oito anos de idade, quando uma experiência traumática bloqueou minha memória pelos nove anos seguintes e meus sentimentos durante cinco décadas.

Quando eu tinha oito anos, o impostor — meu falso eu — nasceu como uma defesa contra o sofrimento. Ele sussurrava dentro de mim: "Brennan, nunca mais seja você mesmo, porque ninguém gosta de você desse jeito. Invente um novo Brennan que todos possam admirar, mas que ninguém possa conhecer de verdade". Eu segui esse conselho. Tornei-me um bom garoto — educado, de boas maneiras, modesto e amigável. Estudei muito,

[11] *Life of the Beloved*, p. 21

tirei notas altas, ganhei uma bolsa de estudos na faculdade, mas a cada minuto eu era assaltado pelo medo do abandono e pela sensação de que não podia contar com ninguém.

Tudo isso funcionou grande parte do tempo. Aprendi que um desempenho perfeito me garantia o reconhecimento e a aprovação que eu buscava. Mas é difícil manter a aparência de perfeição, e isso me dava mais medo ainda. Então, para manter afastados o medo e a vergonha, migrei para uma órbita em que eu não tinha sentimentos.

O impostor me fez o favor de se responsabilizar por todos os meus compromissos públicos, tarefa que cumpriu com leveza e encanto. Ele me manteve ativo nas horas em que eu teria desistido. Conduziu-me durante duas décadas em minha função de sacerdote e com grande competência conservou separados minha mente e coração. Uma cena do filme *Lembranças de Hollywood* é muito eloqüente nesse aspecto. Uma estrela do cinema conversa com seu diretor, que a faz pensar na vida maravilhosa que ela teve e em como qualquer outra mulher invejaria sua condição. Ela então responde: "É, eu sei, mas quer saber de uma coisa? Não consigo sentir a minha vida. Nunca fui capaz de sentir a vida e todas as coisas boas que ela me deu".[12] Posso entendê-la. Durante dezoito anos proclamei as boas novas do amor ardente e incondicional de Deus — convencido dessa verdade no intelecto, mas sem nunca ter sentido o amor de Deus no coração. Meu terapeuta fez a seguinte observação: "Durante todos esses anos havia uma porta de aço que escondia suas emoções e negava-lhe acesso a elas".

No décimo dia do meu retiro nas montanhas, peguei-me chorando e soluçando. À medida que minha dor era posta para fora, aconteceu algo extraordinário. Ouvi o som de música e dança a certa distância de onde eu me encontrava. Eu era o filho pródigo que, aos trancos e barrancos, voltava para

[12] Columbia Pictures, 1990.

casa — não para ser um esp... mas para participar do amor de Aba. O impostor começou a se dissipa..., e eu entrei em contato com meu verdadeiro eu, o filho de Deus que voltava. Minha necessidade de elogios e afirmação começava a decrescer.

Conforme Mary Michael O'Shaughnessy gosta de afirmar: "Muitas vezes, os colapsos nos levam às soluções". Acabei entendendo que meu desligamento emocional se fortaleceu porque, na infância, recusei-me a chorar a falta de uma palavra de carinho e de um abraço afetuoso. "É uma bênção sentir que você perdeu o que mais valorizava. Só assim você pode ser acolhido por Aquele que mais você valoriza."[13]

Meu desejo de ser perfeito era maior que meu desejo de Deus.

Eu costumava nunca me sentir satisfeito comigo mesmo se meu desempenho não fosse irretocável. Meu desejo de ser perfeito era maior que meu desejo de Deus. Intimidado pelo meu próprio padrão baseado no oito ou oitenta, eu via as fraquezas como expressões de mediocridade e as incoerências como perda de controle. Eu achava que compaixão e aceitação de si mesmo eram auto-indulgência. E acabei chegando a um estado de esgotamento. Minha sensação de fracasso e incompetência acabaram com minha auto-estima, disparando episódios de depressão leve e ansiedade profunda.

Mesmo sem querer, projetei sobre Deus os sentimentos que eu tinha a meu respeito. Sentia-me bem com ele somente quando conseguia me enxergar como alguém distinto, generoso, afetuoso, isento de cicatrizes, medos e lágrimas — uma pessoa *perfeita!*

Com o passar do tempo estava se tornando cada vez mais difícil mostrar minha verdadeira face. Mas naquela manhã reluzente, num chalé no meio das Rochosas, saí do esconderijo.

[13] Mateus 5:4.

Jesus retirou de sobre [illegible] capa de perfeccionismo e, sentindo-me perdoado, livre e seguro, corri para a casa de Aba. Até que enfim tive a certeza de que podia contar com Alguém. Profundamente fascinado, com lágrimas escorrendo pelas faces, abracei e finalmente *senti* todas as palavras que eu já havia escrito e falado a respeito do Amor determinado e incondicional de Deus. Entendi naquela manhã que as palavras não passam de fumaça quando comparadas com a Realidade. Passei de uma condição em que eu ensinava sobre o amor de Deus para outra em que eu acreditava de verdade ser o prazer de Aba.

O que significa sentir-se seguro? Naquela mesma tarde escrevi em meu diário:

> Sentir-me seguro é deixar de viver na esfera do intelecto e mergulhar no coração, sentindo-me amado e aceito [...] não tendo mais que me esconder nem me distrair com livros, televisão, cinema, sorvete, conversa fiada [...] ficar no momento presente e não escapar para o passado nem projetar-me para o futuro, alerta e atento ao agora [...] sentindo-me tranqüilo e não nervoso e agitado [...] sem precisar impressionar ou fascinar os outros nem chamar a atenção para mim [...] Confiante, um novo jeito de estar comigo mesmo, um novo jeito de estar no mundo [...] calmo, destemido, sem andar ansioso com o que vai acontecer em seguida [...] amado e valorizado [...] simplesmente firme e sereno.

O risco

O risco é este, pelo menos para mim: ao escrever agora sobre aquela experiência, corro o risco de criar um novo impostor com um disfarce ainda mais sutil. Ele me fala baixinho: "Oi, olhe como você se transformou numa pessoa humilde. Isso não é uma bênção? Olhe só como Deus fez de você um exemplo da sua graça. Agora que você chegou a um estágio assim, há tanta coisa que você pode oferecer! Não estrague tudo;

não permita que as pessoas se aproximem demais e venham a desconfiar de que você não é tão humilde o tempo todo". Ao refletir sobre o tipo de encontro que tive com Deus no retiro nas montanhas, lembrei-me das palavras solenes de Teresa de Ávila: "Experiências como essas são concedidas aos irmãos e irmãs mais fracos para fortalecer-lhes a fé vacilante". Posso tomar nas mãos o crédito que dou à "graça de Deus" e com uma rapidez alucinante transformá-lo num discurso para me autopromover.

Thomas Merton disse certa vez a um colega monge: "Se eu fizer alguma coisa com base no fato de que sou Thomas Merton, estarei acabado. E se você fizer alguma coisa com base no fato de que é o encarregado de cuidar do chiqueiro, você estará acabado". E que solução Thomas Merton dá para essa situação? "Pare totalmente de contabilizar seus acertos e entregue-se com toda a sua pecaminosidade ao Deus que não olha nem para os acertos nem para quem os contabiliza, mas apenas para seu filho redimido por Cristo".[14]

Pare de contabilizar acertos. Essa tarefa será difícil enquanto alimentarmos a esperança de que, apesar de todas as coisas, de alguma forma acabaremos sendo os vencedores (e nossos inimigos, é claro, serão os perdedores).

Lamento informá-lo, mas não é assim que essas coisas funcionam.

Elas funcionam deste jeito: todas as coisas cooperam para o bem daqueles que amam a Deus, e Agostinho de Hipona acrescenta, "até mesmo nossos pecados". Mas não apenas nossos pecados. O Deus que perdoa e esquece o que fazemos de mau também transforma nossa fraqueza em força:

> Eu me alegro também com as fraquezas, os insultos, os sofrimentos, as perseguições e as dificuldades pelos quais passo por

[14] James FINLEY, *Merton's Palace of Nowhere*, p. 53.

> causa de Cristo. Porque, quando perco toda a minha força, então tenho a força de Cristo em mim.[15]

A peça de Thorton Wilder *The Angel that Troubled the Waters* [O anjo que agitava as águas] se passa no tanque de Betesda, local do encontro entre Jesus e um homem que não conseguia andar, conforme narrado em João 5:1-4. As pessoas iam a esse tanque por acreditar que, de vez em quando, um anjo agitava as águas, e a primeira pessoa que entrasse no tanque depois do toque do anjo seria curada. Na peça de Wilder, há um médico que chega ansioso para ser curado de sua depressão. Quando o anjo aparece, ele impede que o médico entre na água. O médico implora ajuda ao anjo, mas este lhe diz que aquele momento não era para ele:

Sem tuas feridas, onde estaria a tua força?

> Sem tuas feridas, onde estaria a tua força? É a tua melancolia que leva tua voz fraca e trêmula ao coração de homens e mulheres. Até mesmo os anjos não têm condições de convencer os filhos miseráveis que tateiam neste mundo, não tanto quanto um ser humano quebrantado sobre as rodas do viver. Somente soldados feridos podem estar a serviço do Amor. Médico, afasta-te.

Um pouco depois, o homem que havia entrado na água en quanto o médico era impedido aproxima-se e diz:

> Por favor, acompanha-me. Minha casa fica somente a uma hora daqui. Meu filho está perdido em meio a pensamentos sombrios. Eu não o compreendo, e somente tu já conseguiste animá-lo. Uma hora apenas [...] E há ainda a minha filha; desde

[15] 2Coríntios 12:10.

> que seu bebê morreu, ela fica sentada no meio da escuridão. Ela não nos ouve, mas ouvirá a ti.[16]

"Somente soldados feridos podem estar a serviço do Amor." Fingir que não temos feridas é uma mentira egocêntrica. E não apenas egocêntrica, mas autodestrutiva. Quando sou levado pelo medo e pela vergonha a ocultar minhas feridas, não são apenas as outras pessoas que mantenho na escuridão. Se é assim, por que é tão fácil eu me agarrar com unhas e dentes aos sentimentos ruins e às minhas dores, se o que eu deveria fazer é descartá-los?

Dietrich Bonhoeffer disse certa vez que a culpa é um ídolo, e ele tinha razão, pois algumas pessoas, em se tratando de sentimento de culpa, são insaciáveis, e "qualquer coisa da qual eu sempre precise mais torna-se um deus para mim".[17]

Mas, culpa? Por que alguém haveria de adorar no altar da culpa? Seria porque se trata da culpa da própria pessoa e ninguém pode tirá-la a não ser ela? Ou porque isso dá estrutura à sua vida? Ou seria porque, no final das contas, a culpa tem a ver com a própria pessoa? "Qualquer coisa da qual eu sempre precise mais torna-se um deus para mim ."

Enquanto fingimos ser bons demais para precisar de perdão, ou miseráveis demais para recebê-lo, vivemos num paralelo solitário com as outras pessoas sem nunca as encontrar de verdade. Quando nos aventuramos a viver de modo que o verdadeiro perdão de Deus nos sacie, então, e somente então, nossa vida se entrelaça com a vida de todos os outros agentes de cura que, mesmo feridos, achegam-se cada vez mais a Jesus.

O relações-públicas

Os Alcoólicos Anônimos formam uma comunidade de agentes de cura, cada um com suas feridas. O psiquiatra James Knight

[16] *The Angel That Troubled the Waters and Other Plays*, p. 20.

[17] Don Finto em "Old Friend", *Real Kids: Survivors: Powerful Profiles on Addiction, Violence, & Loss.*

escreve a esse respeito: "A eficácia dos membros dos AA no tratamento e no cuidado com seus pares alcoólicos é uma das grandes histórias de sucesso da nossa época e ilustra de modo realista o poder das feridas que, se usado com criatividade, pode suavizar a pressão da dor e do sofrimento".[18]

Mas, por que Alcoólicos Anônimos e não as comunidades cristãs? Talvez o motivo seja este: as pessoas que procuram os grupos dos Alcoólicos Anônimos não conseguem mais administrar a própria vida. A grande maioria das outras pessoas jamais admitiria ter perdido a capacidade de administrar a própria vida, e o impostor não permitiria isso. O que o impostor faz tem tudo a ver com administração de risco e, quando necessário, com gerenciamento de danos. O impostor é um manipulador, um relações-públicas, faz tráfico de influência e varre a sujeira para debaixo do tapete — faz o que for necessário para manter a aparência de que não perdemos o controle da situação, de que conseguimos administrar nossa vida e de que não precisamos de um Resgatador.

Mas o impostor sabe que tudo isso não passa de uma mentira. E nós, aglomerados na escuridão, também sabemos.

[18] *Psychiatry and Religion: Overlapping Concerns.* O excelente artigo de Knight, "The Religio-Psychological Dimension of Wounded Healers" é a principal fonte de meus pensamentos aqui. Agradeço a ele e a Lillian Robinson por terem me apresentado o livro.

Capítulo dois

O hipócrita

Leonard Zelig não tem a menor idéia de quem ele seja.

Zelig é uma criação de Woody Allen, uma personagem célebre com uma incrível capacidade de mudar de aparência, voz, até mesmo idioma, para adaptar-se a qualquer situação — quer seja qualificado para tal, quer não. Zelig rouba a cena num desfile de rua na Nova York da década de 1930; aproveita a oportunidade de uma foto presidencial e aparece entre Herbert Hoover e Calvin Coolidge; brinca com o campeão de boxe Jack Dempsey; discute dramaturgia com o dramaturgo Eugene O'Neill; e está no alto de um palanque na Alemanha com o supervilão Adolf Hitler.[1]

Zelig é o senhor dos mil disfarces, o homem-camaleão. Ele se mistura a uma multidão de chineses. Na presença de rabinos judeus, lá está ele de barba e com costeletas cacheadas. Com psiquiatras, ele abre a boca e solta seu "psiquiatrês" meio esquisito. Andando pelo Vaticano, aparece como padre; é um negro quando entra num bar de jazz e um índio numa reunião de caciques.

Leonard Zelig não tem personalidade própria, nem idéias ou opiniões. É um homem-camaleão que se integra em qualquer lugar... e em nenhum lugar. Ele deseja se integrar, ser aceito, ser

[1] *Zelig*, Warner Bros., 1983.

considerado, sentir-se em segurança. Mas um dia após o outro ele tenta *parecer* que está à vontade. No filme de Woody Allen, Leonard Zelig torna-se mundialmente famoso, mas para quê? Talento singular ou defeito patético? Zelig é famoso por não ser ninguém.

Seria muito fácil rir do humorismo de Woody Allen e seguir a vida — se eu mesmo não fosse tão parecido com Zelig. Eu também sou hipócrita. Não sou um homem-camaleão, mas tenho uma máscara para cada ocasião. Na pior das hipóteses, não passo de um espelho que se ergue de modo que, ao olhar para mim, as pessoas vejam o reflexo delas mesmas. E torço para que gostem do que vêem. É óbvio que é por isso que ajo assim: para que gostem de mim.

O hipócrita que há em mim estremece diante da possibilidade de desagradar as pessoas.

O hipócrita que há em mim estremece diante da possibilidade de desagradar as pessoas. O medo faz com que ele seja incapaz de ser direto e objetivo. Ele desconversa, fica na dúvida, embroma. O hipócrita perde a fala diante da ameaça de rejeição.

Meu falso eu me dá proteção assim como o falso eu de Zelig também o protege, mas "de um jeito programado para nos manter com medo de sermos abandonados, de não recebermos apoio, de não sermos capazes de dar conta do recado sozinhos"; nas palavras de James Masterson, "não sermos capazes de ficar sozinhos".[2] Essa é a história da minha vida.

Durante muitos anos sempre me orgulhei de minha pontualidade. Mas na solitude do retiro nas montanhas do Colorado, percebi que eu queria ser pontual principalmente por medo de ser reprovado pelas pessoas. Uma coisa certa que era feita pelo motivo errado — abafar as vozes de recriminação de minha infância.

[2] *The Search for the Real Self*, p. 67.

Hipócritas são fanáticos por aprovação. Temos uma necessidade quase sufocante de agradar, e isso torna difícil dizer *não,* mesmo quando a resposta certa é *não.* Hipócritas têm o hábito de se comprometer demais com pessoas, projetos e causas, e isso geralmente nos faz infelizes, pois nosso esforço tem pouco a ver com compromisso pessoal e se explica mais pelo medo de não vivermos à altura das expectativas dos outros. O pior é que geralmente conseguimos o que desejamos, pois quem não gosta de uma pessoa que sempre diz *sim?* O hipócrita espera nunca ter uma resposta direta para essa pergunta.

Para a maioria das pessoas, o hipócrita aparece pela primeira vez na infância, quando não recebemos muito amor ou nos sentimos rejeitados ou abandonados. John Bradshaw define co-dependência como uma condição "caracterizada pela perda de identidade. Ser co-dependente é estar desligado de sentimentos, necessidades e desejos pessoais".[3] E essa definição faz do hipócrita um co-dependente de mão cheia.

Nós, hipócritas, ocultamos ou disfarçamos nossos verdadeiros sentimentos para conseguir o que queremos. Isso torna impossível a transparência emocional. Hipócritas são levados por um desejo compulsivo de parecer perfeitos. Esperamos que todos nos admirem e ninguém nos conheça de verdade. A vida do hipócrita é uma montanha-russa com subidas alucinantes e descidas de fazer o coração saltar pela boca.

O falso eu depende de experiências externas para adquirir sentido interno. Dinheiro, poder, físico atraente, conquistas sexuais, realizações, reconhecimento, *status* — isso é tudo o que os hipócritas querem e a última coisa que precisamos, pois um pouquinho de sucesso alimenta ilusões de importância pessoal e faz promessas de constante felicidade.

[3] *Home Coming,* p. 8.

Ser ou fazer?

O hipócrita, até onde ele sabe, é aquilo que ele *faz.*

Durante muito tempo eu me escondi de meu verdadeiro eu por meio de meu desempenho ministerial. Construí uma falsa identidade com livros, sermões e narrativas. Eu estava convencido de que, se a maioria dos cristãos pensasse bem de mim, tudo estaria resolvido. Quanto mais sucesso eu alcançava no ministério, mais convincente o hipócrita se tornava.

O hipócrita confere importância ao que não tem importância e valoriza o que tem pouco conteúdo para nos desviar da verdade e da realidade. Ele nos fornece razões para não fazermos o que deve ser feito e um milhão de desculpas quando fazemos algo de errado. Se acreditarmos nas mentiras do hipócrita, esqueceremos a verdade acerca de nossa insignificância. É só uma questão de tempo. Conforme diz o apóstolo João, "se dissermos que não temos pecado nenhum, a nós mesmos nos enganamos, e a verdade não está em nós".[4]

O falso eu depende de experiências externas para adquirir sentido interno.

Num anseio pela aprovação que não tive na infância, meu falso eu desperta todas as manhãs sedento de atenção. Quando resolvo ceder a ele, tiro da gaveta uma máscara de papelão e a ponho sobre minha verdadeira face. Então, ao entrar numa sala cheia de gente, ouve-se o som da trombeta que me anuncia: "'Ta-da! Cheguei!". Isso é muito diferente do meu verdadeiro eu, oculto com Cristo em Deus, que entra na sala e diz: "Ah, *vocês* estão aí!". O hipócrita é muito semelhante ao que o álcool representa para o alcoólico — ele é capcioso, sutil, poderoso, intoxicante e traiçoeiro.

Em *Glittering Images* [Imagens cintilantes], livro de Susan Howatch, um jovem teólogo chamado Charles Ashworth pas-

[4] 1João 1:8.

sa por um processo de corrupção moral. Ansiando pela bênção do seu sacerdote, Ashworth vai a um mosteiro encontrar-se com seu diretor espiritual, um homem mais velho chamado Jon Darrow. Ashworth está apavorado diante da possibilidade de ser exposto como um clérigo corrupto e como exemplo de fracasso espiritual. Capcioso, o hipócrita intervém:

> O pensamento de fracasso abominável era de causar consternação, mas pensar em decepcionar Darrow era algo insuportável. Em pânico, eu procurava uma solução que me protegesse de minha vulnerabilidade, e, naquela noite, quando Darrow voltou ao meu quarto, a imagem cintilante lhe disse: "Gostaria muito que o senhor me contasse mais coisas sobre si mesmo, padre. Há muita coisa que eu gostaria de saber". Tão logo ele começou a falar, senti-me relaxar. Era uma técnica infalível para conquistar a boa vontade de homens mais velhos. Eu lhes perguntava sobre o passado que viveram e os escutava com o interesse entusiasmado de um discípulo-modelo. Então eu era recompensado com uma demonstração gratificante de benevolência paternal que se revelava cega diante de todos os erros e fracassos que, desesperado, eu tentava ocultar. "Fale-me sobre o tempo que você passou na Marinha", insisti com Darrow, usando de toda simpatia e calor humano que pude reunir, mas, embora esperasse com toda confiança pela resposta que iria anestesiar meu medo de incompetência, Darrow manteve-se em silêncio [...] E também fiquei em silêncio ao perceber com tristeza as estratégias de minha imagem cintilante.[5]

Pretensão

O hipócrita preocupa-se com a aparência. Se eu me afundo num pote de sorvete e no dia seguinte a balança do banheiro acusa um

[5] *Glittering Images*, p. 278.

quilo a mais, o hipócrita entra em desespero. O dia pode estar ensolarado e convidativo a uma caminhada, mas o quilo a mais é um desmancha-prazeres para o hipócrita egocêntrico, que então quer me manter escondido dentro de casa. Acho que é possível que Jesus até ria dessas ridículas expressões de vaidade (ficar me examinando no reflexo da vitrine enquanto finjo estar olhando alguma mercadoria); talvez ele faça cara de quem não gosta. O fato é que a vaidade seqüestra minha atenção dirigida ao Deus que me ama e vive em mim e me rouba a alegria do Espírito Santo de Deus — por quanto tempo? Um momento? Um dia? O verão inteiro? Ainda assim, meu falso eu racionaliza essa obsessão com minha aparência, sussurrando-me: "Uma imagem de alguém obeso e relaxado vai desqualificá-lo para o ministério". Muito capcioso.

A vaidade seqüestra minha atenção dirigida ao Deus que me ama e vive em mim.

Não acho que eu seja o único com esse comportamento. O tempo, a energia, o dinheiro e a disciplina necessários para conseguir e manter um corpo bonito são tão opressivos, que ultrapassam a capacidade de muitas pessoas; elas então simplesmente desistem. Muito mais que se preocupar com a questão da saúde, a pessoa obsessiva não se permite tomar um lanche fora de hora, nem beliscar alguma coisa, nem calorias, carboidratos e gorduras que não tenham sido previamente programados. O controle de peso é uma atividade quase sagrada, uma religião com sacerdotes profissionais que definem leis, livros sagrados e meditações para orientação diária, peregrinações para spas sagrados e discussões teológicas de peso acerca de dietas ricas em proteínas. E no fim, se pudermos nos dar ao luxo, uma bebidinha aqui, um docinho ali, essas coisas cobrem uma multidão de pecados, dos quais não fica de fora o envelhecimento gradual. O que é o êxtase espiritual quando comparado com o profundo prazer de ficar parecido com uma modelo na passarela? Parafraseando o cardeal Wolsey, "quisera ter servido ao meu Deus com a mesma dedicação que dirigi à minha cintura".

O hipócrita exige atenção. Em sua ânsia por elogios, a aparência determina todas as escolhas. Ele vira de ponta cabeça a máxima em latim *esse quam videri* (ser em vez de parecer), de modo que "parecer" é o que mais lhe importa. Para o hipócrita, a questão não está em ganhar ou perder, mas em como ele parece estar jogando.

Para o hipócrita, a questão não está em ganhar ou perder, mas em como ele parece estar jogando.

No meio da leitura de um livro, vi que o autor havia citado algumas palavras de minha autoria. Senti-me instantaneamente gratificado e importante. Ao voltar-me para Jesus em oração e entrar em contato com meu verdadeiro eu, percebi de novo que o hipócrita está sempre de tocaia!

Thomas Merton confessa:

> Meu eu falso e privativo é aquele que quer existir fora do alcance da vontade e do amor de Deus — fora da realidade, fora da vida. E um eu assim não pode deixar de ser uma ilusão. Não somos muito bons em reconhecer as ilusões, principalmente as que alimentamos sobre nós mesmos — aquelas com as quais nascemos e que fortalecem as raízes do pecado. Para a maioria das pessoas no mundo, não há maior realidade subjetiva do que esse falso eu de cada um, um eu que não pode existir. Uma vida dedicada ao culto dessa sombra é o que se chama vida de pecado.[6]

O conceito que Merton tem de pecado não focaliza tanto os atos do indivíduo, mas a decisão subentendida de levar uma vida de fingimento. Agostinho escreveu: "Há basicamente só dois tipos de amor: o amor a Deus pelo desprezo do eu, ou o

[6] James FINLEY, *Merton's Palace of Nowhere*, p. 34.

amor ao eu pelo desprezo e negação de Deus". A decisão fundamental acontece no *centro* do nosso ser e manifesta-se nas escolhas específicas da vida diária — seja pelo falso eu dirigido por desejos autocêntricos, seja pelo verdadeiro eu oculto com Cristo em Deus.

Levando uma vida de ostentação

Hipócritas constroem sua identidade não apenas com base nas conquistas, mas também nas relações parasitárias. Procuram se relacionar com pessoas que os fazem parecer melhores do que são. Para os hipócritas, relacionamentos são conquistas.

Hipócritas procuram se relacionar com pessoas que os fazem parecer melhores do que são.

Numa noite de solitude nas Rochosas do Colorado, ouvi esta mensagem: "Brennan, você dedica toda sua atenção a certos membros da comunidade, mas oferece bem pouco aos outros. Os que recebem sua atenção integral são os de posição social elevada, os ricos, os que têm carisma, as pessoas que você considera interessantes, bonitas ou simpáticas. Mas você não trata com a mesma consideração as pessoas que acha comuns ou que se vestem mal, as de posição social inferior, as que exercem atividades humildes e as desconhecidas ou sem fama. Brennan, eu levo isso muito a sério. O tratamento que você dispensa aos outros todos os dias, qualquer que seja o *status* dessas pessoas, é a verdadeira prova de sua fé".

Mais tarde naquela noite, dei uma cochilada e vieram-me à mente imagens conflitantes. Carlton Hayes, atleta com um corpo perfeito, vinte e poucos anos de idade, quase um metro e noventa de altura, 80 e tantos quilos, pula numa cama elástica com um irresistível sorriso de comercial de pasta de dentes. A multidão se aglomera. Agora pulando corda, ele demonstra agilidade e leveza impressionantes. Os espectadores aplaudem. E o atleta grita "louvado seja Deus!".

De repente entra em cena Moe, integrante da equipe técnica de Carlton, trazendo na mão uma garrafa de bebida energética. Moe é um cinqüentão barrigudo com pouco mais de um metro e sessenta. Está vestindo um terno amarrotado com uma camiseta visivelmente torta por baixo da camisa entreaberta. De suas têmporas saem fios de cabelos finos e embaraçados que se estendem por sobre as orelhas e desaparecem na nuca num emaranhado grisalho. A barba está por fazer, o rosto é meio bochechudo, e um olho é de vidro. A platéia olha para ele, mas logo desvia o olhar.

"Idiota", diz um homem.

"Puxa-saco", diz outro da platéia.

Moe não é nenhuma coisa nem outra. Seu coração está mergulhado com Cristo no amor do Pai. Indiferente, ele caminha no meio da multidão para entregar a garrafa ao herói. Está perfeitamente à vontade desempenhando seu papel de servo (foi assim que Jesus se revelou a Moe e transformou sua vida). Ele está em paz consigo mesmo, pois também está em paz com Deus.

Naquela noite, Carlton Hayes será o preletor do banquete da associação de atletas cristãos, e o recinto abriga uma multidão vinda de todos os pontos do país. Ele será homenageado com um troféu especial, pois é o primeiro atleta a ganhar oito vezes uma medalha de ouro olímpica.

Cinco mil pessoas lotam o recinto do hotel. Gente famosa do mundo da política, dos esportes e do entretenimento espalha-se pelo lugar. No momento em que Hayes dirige-se ao microfone, toda aquela gente está terminando de saborear uma sofisticada refeição. Seu discurso transborda de referências ao poder de Cristo e de gratidão a Deus. Emocionados, homens e mulheres chegam às lágrimas e respondem aplaudindo em pé.

Mas por trás das belas palavras de Carlton pode-se notar um olhar vazio que revela que suas palavras não vêm do fundo do coração. A fama e o estrelato ocuparam o lugar que antes era de Jesus. A verdadeira intimidade com Deus é apenas uma lembrança. A voz do Espírito foi abafada pelos aplausos ensurdecedores.

Carregado por uma onda de afeição do público presente, o herói olímpico circula entre as mesas. E distribui beijos — igualmente para garçons e estrelas do cinema. Pode se dar a esse luxo, pois, afinal de contas, toda aquela gente está a seus pés.

Enquanto isso, num hotel de categoria supereconômica, Moe senta-se junto a uma pequena mesa redonda em seu quarto e prepara-se para comer comida congelada. Ele não foi convidado para o banquete, pois, afinal de contas, aquele lugar não é para ele. Quem jamais pensaria em convidar um empregado grisalho, barrigudo e com um olho de vidro para sentar-se entre personalidades como Bruce Willis, Arnold Schwartzenegger e o primeiro presidente Bush?

Moe fecha os olhos. O amor de Jesus flui em seu interior. Seus olhos estão cheios de lágrimas. "Muito obrigado, Jesus", ele sussurra, enquanto retira o plástico da embalagem de lasanha descongelada e aquecida no microondas. E então pega sua Bíblia e folheia até o salmo 23:

> O Senhor é o meu pastor,
> Nada me faltará.
> Ele me faz repousar em pastos verdejantes.
> Leva-me para junto das águas de descanso.

Eu também estou no sonho. O hipócrita comprou um *smoking* não sei onde, para que pudéssemos participar do banquete no Ritz.

• • •

Na manhã seguinte acordei às quatro horas. Tomei um banho, fiz a barba, bebi uma xícara de café e fui ler a Bíblia. Meus olhos pararam numa passagem de 2Coríntios:

> Pois o amor de Cristo nos constrange, julgando nós isto: um morreu por todos; logo, todos morreram. E ele morreu por

> todos, para que os que vivem não vivam mais para si mesmos, mas para aquele que por eles morreu e ressuscitou. Assim que, nós, daqui por diante, a ninguém conhecemos segundo a carne; e, se antes conhecemos Cristo segundo a carne, já agora não o conhecemos deste modo.[7]

É isso mesmo! Até em meus sonhos. Deus me ajude, esse falso eu me persegue até em sonhos.

Quieto de medo

Identifico-me com Charles Ashworth, personagem do livro de Howatch, quando seu diretor espiritual comenta: "Charles, será que estaria exagerando se lhe dissesse que parece ser muito importante para você que as pessoas gostem de você e lhe dêem sua aprovação?"

Ashworth exclama: "Mas isso não é importante para todo mundo? A vida não é assim? Sucesso é ter a consideração e a aprovação das pessoas. Fracasso é ser rejeitado. Qualquer pessoa sabe disso".[8]

A triste ironia é que o hipócrita é incapaz de cultivar a intimidade em qualquer relacionamento. Seu amor-próprio exclui os outros. Por não ter contato com seus sentimentos, intuições e idéias, o hipócrita torna-se muito menos sensível ao jeito, às necessidades e ao sonhos de outras pessoas. O toma-lá-dá-cá está fora de cogitação. Quer tenha consciência disso, quer não, o hipócrita só dá se puder tomar. Ele tem certeza de que está tomando apenas o que precisa, aquilo a que tem direito.

Merton afirmou que uma vida dedicada às sombras é uma vida de pecado. Se isso corresponder à verdade, eu peco quando, em minha covardia, por medo de ser rejeitado, não permito que meu verdadeiro eu pense, sinta, aja, reaja e viva. É óbvio que o

[7] 2Coríntios 5:14-16.
[8] Howatch, op. cit., p. 162.

hipócrita "não pára de dizer que a raiz do problema é insignificante e não merece tanta atenção, que pessoas 'maduras' não devem ficar tão preocupadas com algo tão trivial, e que se deve manter o equilíbrio mesmo que isso signifique impor limites nada razoáveis às esperanças e sonhos pessoais, aceitando a vida de uma forma mais modesta".[9]

Se você disser ao hipócrita "não, você não passa de um covarde", ele ficará chocado, magoado e irritado. Mas você não deixaria de ter razão. Quando eu era criança podia admitir que me faltavam força e coragem. Agora que estou no outono da vida, fortalecido por amor, afeto e afirmação, não é sem sofrimento que admito que ainda me comporto movido pelo medo. Tenha me calado diante da injustiça gritante. Tenho dado a palavra ao hipócrita, ao passo que meu verdadeiro eu assume o um papel passivo nos relacionamentos, sufocando minha criatividade, negando meus sentimentos verdadeiros, permitindo que eu seja intimidado pelas outras pessoas e justificando o meu comportamento, ao dizer "tudo bem, pois o Senhor quer que eu seja um instrumento de sua paz... É mesmo? É nessa história que você está acreditando?

Eu peco quando, em minha covardia, por medo de ser rejeitado, não permito que meu verdadeiro eu pense, sinta, aja, reaja e viva.

O erro é você mesmo

E isso pode piorar. Escondemos o nosso verdadeiro eu até mesmo de Deus e depois ficamos perguntando por que não nos sentimos amados. Trata-se de uma atitude insana que somente pode nos ferir, pois fomos criados para ter intimidade com Deus. Qualquer coisa que venhamos a fazer para interromper essa condição fará apenas com que nos sintamos menos humanos, menos nós mes-

[9] Masterson, op. cit., p. 65.

mos. Fomos criados para Deus e não poderemos nos satisfazer com nada menos do que isso.

Jeffrey Imbach escreveu: "Oração é essencialmente a expressão do nosso coração que anseia por amor. Não é fazer uma lista de pedidos, mas a expressão do nosso desejo mais profundo, a saber, estar unidos com Deus o mais plenamente possível".[10]

Você já se perguntou sobre o porquê de sua resistência interna à oração? E o que dizer do medo que você sente do silêncio, da solitude e de ficar sozinho com Deus? E por que você demora tanto, sente sono e se distrai com um número incrível de pequenas coisas que o impedem de orar?

> *Você já se perguntou sobre o porquê de sua resistência interna à oração?*

O hipócrita entra novamente em ação! Ele representa aquele nosso lado preguiçoso que opta sempre pela lei do menor esforço. Resiste à boa vontade e à disciplina exigida pela intimidade com Deus. Ele apresenta desculpas esfarrapadas como "deixe o barco correr... o que importa é se você ama a Deus... você anda muito ocupado... o que conta é a sinceridade". Que raciocínio traiçoeiro!

O hipócrita tem pavor da solitude porque de alguma forma sabe "que, se ficar em silêncio, acabará descobrindo que não é nada. Não lhe restaria nada, a não ser a constatação de que não é nada. Para o falso eu, que alega ser todas as coisas, uma descoberta desse tipo seria mortal".[11]

É óbvio que o hipócrita não consegue ficar quieto quando você tenta orar. Ele tem fome de aventura e de coisas que mexem com sua adrenalina. Fica deprimido quando não está no centro do palco. O falso eu se frustra porque nunca consegue ouvir a voz de Deus, mas isso é impossível, uma vez que, para Deus, ali não há ninguém. Uma vida de oração significa a morte para toda

[10] *The Recovery of Love,* p. 62-63.
[11] FINLEY, p. 36.

identidade que não proceda de Deus. O falso eu foge da solitude porque esta faz com que se lembre de uma verdade que lhe é insuportável: "não existe conteúdo debaixo das roupas que você está vestindo. Você é vazio, e sua estrutura de prazer e ambição não tem alicerces [...] quando essas coisas não existirem mais restará somente a certeza de sua nudez e de seu vazio, que lhe dirão que você é seu próprio erro".[12] Então, segura que o filho é teu.

Uma coisa leva à outra

Será que realmente é preciso todo esse trabalho de ficarmos nos examinando?

Não exatamente. É assim que a escritora Annie Dillard enxerga a questão:

> Deus não exige que abramos mão de nossa dignidade pessoal, que confiemos nosso destino aos ditames de pessoas que não conhecemos, que desistamos de nós mesmos e nos afastemos de tudo o que não seja ele [...] É uma vida com Deus que exige coisas desse tipo.
>
> A experiência ensina às pessoas que, se o conhecimento de Deus é o fim, então esses hábitos da vida não são os meios, mas a condição em que os meios operam [...] e você não tem que fazer essas coisas — a não ser que queira conhecer a Deus. Elas atuam sobre você e não sobre ele.[13]

Se você não tem interesse em conhecer a Deus nem de se tornar seu verdadeiro eu, não há nada com que se preocupar. Mas o fato de que você chegou até este ponto da leitura indica o contrário. Se isso for verdade, então mais cedo do que tarde você precisará chamar o hipócrita para fora do esconderijo, aceitá-lo, acolhê-lo e levá-lo a Jesus.

[12] Thomas MERTON, *New Seeds of Contemplation*, p. 35.
[13] *Teaching a Stone to Talk*, p. 49.

"Desculpe-me, mas você falou em aceitar e acolher o hipócrita?"

Sim, foi o que eu disse — e também levá-lo a Jesus. Porque não se pode curar aquilo que se nega. O hipócrita faz parte de nós. Admitindo como muitas vezes fugimos para o nosso mundinho, como banalizamos nosso relacionamento com Deus e como somos levados pela ambição — admitindo tudo isso estaremos desferindo um duro golpe contra o império. Mas um golpe não dará conta do recado para a maioria das pessoas. Precisamos arrastar o hipócrita para a luz da presença de Cristo dia após dia, até que o falso rei seja deposto e os reinos deste mundo se tornem o Reino de nosso Senhor e de seu Cristo.

Você precisará chamar o hipócrita para fora do esconderijo, aceitá-lo, acolhê-lo e levá-lo a Jesus.

Temos de reconhecer nosso egocentrismo e nossa estupidez, aceitando aos poucos que somos pobres e miseráveis como a pessoa ao nosso lado. E é bom que seja assim, porque do contrário seríamos Deus.

Não posso falar por você, mas tudo indica que existe um Deus e que, definitivamente, não sou eu. Se eu não sou Deus, então as expectativas de que preciso ser perfeito podem ser deixadas de lado. Se sou um ser humano comum — nem melhor nem pior nem diferente do meu próximo — não há nada de errado em aprender a ser um pouco gentil comigo mesmo e com meu próximo. Essas coisas acontecem nesta ordem: a arte da gentileza para comigo mesmo me leva a ser gentil com os outros. Além disso, se formos gentis com nós mesmos estaremos gerando a compaixão necessária à verdadeira oração. O autor da carta aos hebreus afirma que Jesus nos entende quando representa nossas necessidades a seu Aba, porque entende nossas fraquezas. Se admitirmos quem realmente somos e como precisamos de Jesus, teremos mais capacidade para entender as pessoas, e isso nos transformará em pessoas que oram melhor.

Caro hipócrita

Aceitar a realidade da minha miséria significa aceitar meu verdadeiro eu. Judas e Pedro igualmente traíram Jesus. Judas não conseguiu enfrentar seu lado obscuro; Pedro conseguiu. A vida de Pedro mudou e a de Judas chegou ao fim. Nenhum dos dois desfechos foi uma reação automática às circunstâncias. Ambos decidiram que não podiam mais continuar a viver daquele jeito. Suas escolhas mostram a diferença entre a tristeza que leva uma pessoa a dar meia volta e seguir na direção certa e a tristeza cujo fim é a autodestruição. Mas não é uma autodestruição que acontece de uma hora para outra. "O suicídio não acontece por um impulso repentino. Trata-se de um ato estudado durante anos de comportamento de punição inconsciente."[14] Sob certo aspecto, o objetivo do suicídio é eliminar o hipócrita. O fato é que odiar o hipócrita é odiar a si mesmo e, de uma forma ou de outra, o ódio dirigido contra a própria pessoa traz como resultado um comportamento de autodestruição. Mas isso de nada adianta.

Carl Jung escreveu:

> A aceitação de si mesmo constitui a essência de todo o problema moral e a síntese de toda a atitude que temos diante da vida. Dar de comer a quem tem fome, perdoar quem me ofende e amar meu inimigo em nome de Cristo — são grandes virtudes sem sombra de dúvida. O que eu fizer ao menor dos meus irmãos estarei fazendo a Cristo. Mas e se eu descobrir que o menor entre eles, o mais pobre de todos os mendigos, o mais insolente de todos os ofensores, o próprio inimigo — se eu descobrir que todos eles estão dentro de mim e que preciso das esmolas da minha própria bondade — que eu mesmo sou o inimigo que precisa ser amado — como será?[15]

[14] Philomena Agudo, *Intimacy, the Third Psychotheological Symposium*, p. 21.
[15] *Modern Man in Search of a Soul*, p. 235.

Quando reconhecemos a verdade sobre nós mesmos e a submetemos a Jesus Cristo, encontramos a paz — talvez não a constante experiência emocional de paz, mas assim mesmo a paz genuína, embora algumas vezes possamos não compreendê-la. Nosso verdadeiro rei nos diz: "silencie as antigas vozes que, na sua mente, o amarram e o confinam ao egocentrismo. Ouça a nova melodia de salvação para os que sabem que são pobres. Livre-se do seu medo de Aba. Livre-se do ódio e do desprezo voltados contra você mesmo. Aprenda a enxergar as coisas como elas são. Eu amo você, e isso basta. Sou o filho da compaixão, e isso basta. Você me pertence, e isso basta".

No vigésimo e último dia de meu retiro nas montanhas do Colorado, escrevi esta carta:

> Bom dia, hipócrita.
>
> Você deve ter estranhado a cortesia do meu cumprimento. Desde o primeiro dia deste meu retiro tenho agredido você. Por isso, é provável que você esperasse que eu dissesse: "Oi, seu idiota". Mas não é isso que eu sinto. Reconheço que tenho sido pouco razoável, ingrato e desequilibrado com você. (É claro que você sabe que, quando me a dirijo você, estou falando comigo mesmo. Você faz parte de mim.) Hoje me achego a você não com um chicote nas mãos, mas com um lenço branco. Quando eu era jovem e percebi pela primeira vez que não podia contar com ninguém, você interveio e mostrou-me onde eu podia me esconder. Estávamos passando pela Grande Depressão da década de 1930, e meus pais fizeram o melhor que podiam — eu reconheço isso — mas foi menos do que eu precisava. Naquela época, você foi de um valor incalculável. Não fosse pelas suas intervenções eu teria sido esmagado pelo pavor e paralisado pelo medo. Você me protegeu. Obrigado.
>
> Mas você também me ensinou a esconder o meu verdadeiro eu, iniciando assim um comportamento que durante toda a vida me levou a me esconder e a me isolar. Seus recursos

tornaram-me possível a sobrevivência. Mas você mentiu para mim. "Brennan", sussurrou você, "se você insistir nessa e idéia tola de ser você mesmo, perderá os poucos amigos que tem. Congele seus sentimentos, apague suas lembranças, não manifeste suas opiniões e desenvolva atrativos sociais para que você se dê bem onde quer que esteja".

Você precisava de alguém que pudesse domá-lo e controlá-lo. Eu não fui capaz de fazer isso, e então você foi se fortalecendo. Seu apetite por atenção e afirmação era insaciável. Eu nunca o enfrentei mostrando essa mentira porque eu mesmo estava sendo enganado.

Mas agora, na presença de Cristo, você já começa a encolher. Quer saber de uma coisa, rapazinho? Você fica bem melhor assim. De hoje em diante vou chamá-lo de Pixote. Claro que você não vai morrer de uma hora para outra. Eu sei que às vezes você vai ficar agitado e vai começar a botar as manguinhas de fora, mas quanto maior for o tempo que você passar na presença de Jesus, tanto menor será sua necessidade de receber elogios de outras pessoas, pois você terá percebido por si mesmo que ele é suficiente. E nessa Presença você terá prazer em descobrir o que significa viver pela graça e não de aparência. Então, Pixote, um abraço!

Seu amigo,
Brennan

Capítulo três

De quem você é filho?

Foram dois duros golpes. William Least Heat Moon ficou sabendo que havia perdido o emprego de professor universitário por causa da queda no número de matrículas. E ficou sabendo também que sua mulher havia ido morar com outro homem — claro, eles estavam separados, mas assim mesmo...

Em vez de sentar e ficar esperando mais notícias ruins, Moon resolveu botar o pé na estrada e viajar pelas estradinhas secundárias da América do norte — aquelas que aparecem em azul no mapa. Certa manhã, na cafeteria do Mississipi College, em Clinton...

> ... um estudante com um corte de cabelo no estilo militar e vestindo calças largas sentou-se para comer uma pilha de panquecas. Era um sujeito metódico. Depois de orar por cerca de um minuto, tirou de sua pasta um apoio para a Bíblia, clipes para manter o livro aberto e canetas hidrocor verde, rosa e amarelo. Em seguida, tirou uma bisnaga de margarina, um pote de melado embrulhado num plástico, um guardanapo de linho e um daqueles lenços umedecidos e perfumados. Tudo aquilo parecia uma cena de circo em que doze pessoas saem de dentro de um carro do tamanho de uma lata de lixo [...] Só

faltava ele tirar um equipamento completo de higiene bucal e a arca da aliança.[1]

O que William Least Heat Moon viu naquela manhã pode ter sido um vislumbre do verdadeiro eu daquele rapaz — bem na dele, despretensioso, mergulhado na vida, envolvido pelo momento, respirando Deus de uma forma tão natural quanto um peixe que extrai oxigênio da água onde vive e se move. Ele testemunhou a cena de um rapaz sendo ele mesmo — talvez um pouco excêntrico, mas, quer gostassem dele, quer não, ele não estava tentando impressionar ninguém.

A verdadeira espiritualidade também é centrada em si mesma e não nos outros. Não se trata de um departamento de nossa vida aonde vamos em ocasiões apropriadas. *Ah, acho que agora vou ser espiritual. Estou na igreja. Ah, eu me sinto tão espiritual quando vejo o pôr do sol.* Espiritualidade é uma forma de viver neste mundo imerso na consciência da presença de Deus em nós, à nossa volta e através de nós. O hipócrita não pode curtir a verdadeira espiritualidade, pois está envolvido pela *aparência* e não pela *essência,* absorto em si mesmo e não em Deus. O hipócrita fica parado naquilo que a espiritualidade *aparenta* ser.

À medida que o tempo passava no mosteiro, Thomas Merton começou a perceber que o maior desenvolvimento espiritual estava em ser *comum,* "tornar-se homem pleno de um modo que poucos seres humanos conseguem se tornar, com tanta naturalidade e simplicidade".[2]

Viva com isso

John Eagan era uma pessoa como qualquer outra — professor de ensino médio, desconhecido fora de Milwaukee. Eagan passou trinta anos de sua vida educando crianças. Nunca escreveu um

[1] *Blue Highways,* p.108-109.
[2] Monica Furlong, *Merton: A Biography,* p.18.

livro, nunca apareceu na televisão, nunca converteu multidões a Cristo, nunca teve fama de ser um cristão com alto grau de santidade. John comia, dormia, bebia, praticava ciclismo, andava pelo mato, dava aulas — e orava feito louco. E John tinha um diário em que registrava o dia-a-dia da vida de um homem comum cuja alma havia sido atraída e dominada por Jesus Cristo.[3] John Eagan mostra em seu diário que o que nos impede de nos tornar tudo o que podemos ser não são as pressões de fora, mas nós mesmos.

Walt Kelly coloca na boca de Pogo, sua personagem de quadrinhos, as seguintes palavras: "Conhecemos o inimigo. Conhecemos o inimigo, e o inimigo somos nós". Julgamo-nos indignos de conhecer, amar e servir a Deus. E essa opinião torna-se uma profecia que se cumpre sozinha. Dizemos que somos insignificantes para ser usados por Deus (embora falemos que Deus pode fazer qualquer coisa do nada). Dizemos que não temos inteligência suficiente, que somos frágeis, inexperientes, muito jovens. E parece que aquilo que dizemos acaba se tornando realidade, e não nos surpreende que o Deus de milagres pareça fazer tão pouco em nós e por nosso intermédio.

John Eagan era um homem que tinha defeitos, fraquezas inegáveis e profundos desvios de caráter, alguém que aprendeu que, na realidade, a condição humana é miserável, que precisamos perdoar a nós mesmos por sermos indignos de receber amor, incoerentes, incompetentes, irritadiços e barrigudos. E aprendeu que sua miséria e seus erros não tinham capacidade de afastá-lo de Deus, pois todas essas coisas são redimidas pela vida, morte e ressurreição de Cristo.

John virou as costas para o hipócrita, levou seu falso eu até a cruz de Cristo e ousou viver como uma pessoa verdadeiramente perdoada. Ele achava que o termo "bom cristão" é um oximoro, uma contradição de termos, assim como "anão gigante" ou

[3] *A Traveler Toward the Dawn.*

"sermão curto". No diário de John Eagan podemos ver o reflexo de Thomas Merton: "Deus está convidando a mim, o indigno, a esquecer minha indignidade e a de meus irmãos [...] E no final das contas, rir das idéias insanas acerca de dignidade".[4]

Em busca de Deus por toda a vida, Eagan orava e meditava com grande disciplina. Num de seus retiros anuais de oito dias, John foi sacudido pela revelação do seu verdadeiro eu. Na manhã do sexto dia, ele estava conversando com seu diretor espiritual:

> Naquele dia Bob foi muito claro e, dando um murro sobre a mesa, disse: "John, este é seu chamado, é assim que Deus o está chamando. Ore para que este amor se aprofunde, sim, aproveite o momento presente onde Deus está. Dê espaço em você para a contemplação, renda-se a ela, libere-a, busque a Deus.
>
> Em seguida, ele disse algumas palavras sobre as quais refletirei durante anos, e as disse com determinação. Pedi-lhe que as repetisse para que eu pudesse escrevê-las. "Defina-se radicalmente como uma pessoa amada por Deus. Sua dignidade está no fato de que Deus o ama e o escolheu. Aceite isso e permita que se torne o elemento mais importante de sua vida."
>
> Falamos mais sobre isso. A base de minha dignidade pessoal não são minhas posses, meus talentos, a opinião que os outros têm sobre mim, nem minha reputação [...] ou admiração de pais e filhos, não os aplausos nem a importância que as pessoas dizem que eu tenho [...] Permaneço tendo a Deus como minha âncora, o Deus diante de quem me apresento sem dissimulação, o Deus que me diz: "Você é meu filho, meu filho amado".[5]

Esta é a grande idéia: *defina-se radicalmente como alguém a quem Deus ama sem reservas.* Agora mesmo. Do jeito que você

[4] Citado por James Finley, *Merton's Palace of Nowhere,* p. 71.
[5] Op. cit., p. 150-151.

está. Não para permanecer nessa situação, é claro, mas sabendo que nunca você será mais amado, valorizado e cuidado do que neste exato momento, pois o amor de Deus não depende de você. Portanto, por favor, por favor mesmo, pare de fugir quando você mete os pés pelas mãos e corra para os braços daquele que o ama sem reservas e do jeito que você se encontra agora.

É exatamente no seu eu, comum como ele é, que Deus deseja operar milagres incomuns. O joão-ninguém que se arrepia de frio e sua quando está calor, que acorda tantos dias sem se sentir pronto para enfrentar o mundo, que tem dificuldade para se vestir e chegar em tempo ao local do compromisso, que lê três vezes o mesmo parágrafo para entendê-lo, que se sente solitário e sem esperança, isolado, no meio da multidão, que tem necessidades sexuais, que é negligenciado e acolhido ao mesmo tempo — VOCÊ é quem Deus ama! Viva com isso.

Esta é a grande idéia: defina-se radicalmente como alguém a quem Deus ama sem reservas.

É TANTA FUTILIDADE!

O hipócrita procura sua identidade nos elogios recebidos por um nível de atividade fora do comum. *Se eu faço coisas boas, entao sou bom.* Se isso não dá certo, ele começa a tentar parecer bom. *Não se trata de ganhar ou perder, mas de como parece que você está jogando.* Parecer admirável, sentir-se admirável.

O verdadeiro eu encontra sua identidade no fato de ser totalmente amado por Deus nas coisas comuns da vida. O verdadeiro eu sente gratidão pelos pontos altos da vida espiritual, mas não os busca desesperadamente nem lhes dá muita importância quando eles acontecem. O verdadeiro eu sabe que encontramos a Deus muito mais no dia-a-dia da vida.

Escrevendo para um amigo intelectual, Henri Nouwen diz:

> Tudo o que lhe quero dizer é que "você é o Amado", e minha esperança é que você ouça essas palavras dirigidas a você com toda a ternura e a força que o amor encerra. Meu único desejo é fazer com que essas palavras reverberem em cada parte do seu ser — "Você é o Amado".[6]

Se nos firmarmos nessa realidade, nosso verdadeiro eu não vai precisar de uma trombeta para anunciar sua chegada nem de rojões para cativar a atenção dos outros. As pessoas que sabem que são plenamente amadas parecem honrar a Deus mostrando-se a cada dia do jeito que são, ninguém mais, ninguém menos, apenas elas mesmas.

Isso não é só uma idéia interessante; é nossa identidade, a minha e a sua. Do contrário, passamos um tempo enorme tentando construí-la.

Todos os filhos de George Foreman chamam-se George. Isso parece esquisito? Muito bem, quer seja esquisito, quer não, todos os filhos têm George no nome, e isso, é claro, pode ser explicado. Antes de ser o homem das grelhas, George Foreman foi campeão mundial de boxe na categoria peso-pesado. Antes disso, foi uma criança que não sabia quem era seu pai. E é por isso que todos os seus filhos têm George no nome. Isso não é conseqüência dos golpes na cabeça nem de um ego deslumbrado. George Foreman diz que quer que seus filhos sempre saibam quem era seu pai.

É por isso que o seu nome, e o meu também, é *filho de Aba.*

Se procuro minha identidade fora de mim mesmo, então juntar dinheiro e conquistar poder, admiração e fama são coisas que me atraem, mesmo sabendo como representam uma inversão total de valores. Por ironia, as igrejas cristãs muitas vezes paparicam o hipócrita, dando-lhe (e negando-lhe) *status* com base na aparência e não na essência. Isso é uma grande loucura. Mas nos ajuda a entender por que há tanta morte num lugar que su-

[6] *Life of the Beloved*, p. 26.

postamente deveria ser berço da vida espiritual. Quando criamos estruturas sociais para recompensar as pessoas que parecem ser melhores do que as outras, em que isso é diferente de uma passarela com modelos desfilando?

Sou eu num dia em que levantei com o pé esquerdo

"Quem sou eu?", perguntou Thomas Merton, que em seguida responde à sua própria pergunta: "Sou alguém amado por Cristo".[7] Como ele sabia disso? Sabia da mesma forma que Karl Barth alegou saber quando um repórter lhe pediu que dissesse alguma coisa profunda sobre Deus. Diz a história que Barth respondeu: "O que sei é que Jesus me ama, pois a Bíblia assim me diz".

Nosso anseio por saber quem realmente somos nunca será satisfeito até que abracemos a solitude.

E esse é o melhor da história. A íntima experiência de amor total começa com uma conversa tranqüila com aquele que nos ama. Começa com nos reclinarmos para ouvir melhor o que Deus está nos sussurrando, fechando a porta, se necessário, por causa do barulho, saindo se é assim que conseguimos escapar do telefone que toca, do computador, da televisão, do videogame e do CD player — ou simplesmente saindo para uma caminhada juntos. Aba e o filho de Aba. Se alguém olha para essa cena de longe, pode parecer que você está lendo um livro, fazendo anotações num caderno, andando sozinho, talvez até falando sozinho. Às vezes pode parecer a mesma coisa também para você. É nessas horas que é bom pensar coisas profundas sobre Deus: *O que sei é que Jesus me ama, pois a Bíblia assim me diz.*

Nosso anseio por saber quem realmente somos nunca será satisfeito até que abracemos a solitude — não a solidão, que é outra coisa — mas a verdadeira solitude, pela qual descobrimos

[7] FINLEY, p. 96.

que somos totalmente amados por Deus. Ninguém, a não ser Aba, que nos ama totalmente, pode nos comunicar essas coisas. Ah, outras pessoas podem falar disso também, mas só Deus pode *comunicar* a nós como nossa identidade do verdadeiro eu repousa sobre seu amor invariável. E ele faz isso em particular, depois que a música termina e a multidão vai embora.

Tudo isso pode parecer impossível se você mora num apartamento, se sua vida é cheia de atividades desde o momento em que você acorda até quando não consegue mais ficar de olhos abertos, se você tem medo do silêncio porque sua mente, como diz Anne Lamott, é um bairro perigoso aonde você não gosta de ir sozinho.

Vá de qualquer modo. Você não pode mudar o mundo se não mudar sua mente primeiro. Além disso, você realmente não estará sozinho. Deus o encontrará ali.

Mike Yaconelli foi fazer um retiro de cinco dias em Toronto, no Canadá, porque sentia que estava à beira do precipício. Dirigiu-se ao L'Arche (A arca), uma comunidade de pessoas com deficiências profundas, onde esperava encontrar inspiração e perspectiva. E escolheu esse lugar também porque foi ali que Henri Nouwen se estabeleceu depois de se aposentar, e Mike esperava que resolveria seu problema passando algum tempo com ele. Mas não era Henri Nouwen que Mike iria conhecer.

> Não foi preciso passar muito tempo sozinho para descobrir que eu não estava sozinho. Por muito tempo, Deus havia tentado gritar mais alto que toda a barulheira da minha vida, e eu não consegui ouvi-lo. Mas no silêncio e na solitude, seus sussurros falaram alto de dentro da minha alma: "Michael, eu estou aqui. Eu o estava chamando todo esse tempo, mas você não me ouviu. Michael, você está me ouvindo? Eu amo você. Sempre amei. E estava esperando para poder lhe dizer isso. Mas você andava tão ocupado, tentando provar para si mesmo que é amado, que acabou não me ouvindo".

Eu o ouvi, e minha alma sonolenta encheu-se com a alegria do filho pródigo. Minha alma foi despertada por um pai amoroso que havia estado me esperando ansiosamente. Por fim, admiti minha miséria [...] Eu nunca havia me entendido com essa realidade. E explico. Eu sabia que era miserável. Sabia que eu era um pecador. Sabia que decepcionava a Deus com grande freqüência, mas nunca consegui aceitar essa parte do meu ser. Era uma parte que me deixava envergonhado. Sempre sentia necessidade de pedir desculpas, para fugir de minhas fraquezas, para negar quem eu era e concentrar-me no que eu deveria ser...

Em L'Arche, percebi com clareza que eu havia entendido tudo errado com relação à fé cristã. Passei a enxergar que era na minha miséria, na minha falta de poder e em minhas fraquezas que Jesus se mostrava mais forte. Era na minha admissão de falta de fé que Deus podia me conceder mais fé. Aceitar meu estado miserável tornou-me possível identificar-me com a miséria dos outros. Minha tarefa era identificar-me com o sofrimento dos outros, não aliviá-lo. O ministério tinha a ver com dividir, não dominar; compreender, não fazer teologia; cuidar, não solucionar.

O que tudo isso significa?

Não sei [...] e, para ser bem sincero, não é isso que importa. O que sei é que há momentos da vida em que fazemos alguns ajustes. Eu estava num desses momentos. Se alguém olhasse para o mapa da minha vida, não daria para perceber nenhuma diferença marcante, mas apenas leves mudanças de direção. O que posso dizer é que agora tudo isso me dá um sentimento bem diferente. Diante da presença de Deus na minha vida, sinto agora uma expectativa, uma corrente elétrica, e nunca senti isso. A única coisa que posso dizer é que, pela primeira vez na vida, ouço Jesus sussurrando-me todos os dias: "Michael, amo você. Você é amado". E por alguma estranha razão, não preciso de nada mais que isso.[8]

[8] Michael YACONELLI, *The Door Magazine.*

Sinto-me emocionado pelo jeito direto, simples e honesto de Yaconelli. Está tudo muito claro. O hipócrita não teve nenhuma chance de intervir nas suas palavras.

Um tempo atrás, ainda debaixo da influência do hipócrita, escrevi um texto para a sobrecapa do primeiro livro de outro hipócrita. Recomendei seu estilo de texto em prosa, dizendo: "Suas características florentes são mera grandiloqüência. Todavia, sua diafaneidade indefessa encerra uma fluidez orgânica e uma turgescência de rara reprodução e estranhamente catártica para o leitor". Onde é que eu estava com a cabeça?!

Fui fazer uma palestra para o décimo primeiro passo no programa dos Alcoólicos Anônimos. Comecei com uma história acerca de um homem em situação crítica que olha para um morango e o come. Eu estava dando destaque à sua capacidade de viver no momento presente. Em seguida, parti para o que, pensava eu, seria uma explicação fascinante do décimo primeiro passo: "Procuramos pela oração e meditação aperfeiçoar nosso contato consciente com Deus, à medida que o conhecemos e oramos pedindo somente conhecimento da sua vontade para nós e forças para colocá-la em ação".

No final da reunião, uma mulher foi à frente, aproximou-se do palco e disse: "Adorei a história do morango". O morango? E a minha palestra fascinante? Mas ela estava certa. Aquele insignificante morango fez muito mais sentido que minha retórica toda importante.

Você acha que foi por mera coincidência que os evangelhos foram escritos com linguagem simples e despretensiosa? Eles não têm nenhum sinal de vocabulário inútil, de jargão hermético ou de ambigüidade. (Se a versão bíblica que você tem lido não é simples, procure outra — você saberá quando a encontrar.)

Esse estilo é muito diferente do estilo do hipócrita. Este parece uma mistura dos estilos do escritor William Faulkner e dos comediantes conhecidos como irmãos Marx. O hipócrita fala sobre Deus de um modo confuso, desnecessariamente complicado, muitas vezes ridículo, para ocultar a verdade de que ele não acredita em nada do que Deus diz. Sendo mestre dos disfarces, o hipócrita simula uma humilde abertura, de modo que você acredite que está vendo seu verdadeiro eu, quando, de fato, ele não está mostrando nada disso. Mais uma vez, não se trata de uma história que li num livro. Sou eu num dia em que levantei com o pé esquerdo.

O verdadeiro amor

Tudo bem, digamos que eu possa tentar essa coisa de solitude. Eu fecho a porta e deixo do lado de fora o que pode tirar minha atenção. Daí, o que é que eu faço? O que eu digo?

Há outra história de um jornalista — desta vez com a madre Teresa — que lhe pergunta o que ela falava em suas orações. Diz a história que ela respondeu:

— Eu não falo nada.

E o jornalista então perguntou:

— Tudo bem, mas então o que Deus lhe diz?

— Deus não me diz nada. Oração não tem nada a ver com palavras.

Talvez pressentindo que havia restado dúvida, ela acrescentou:

— Se você não entende isso, eu não serei capaz de lhe explicar.

Com certeza, ela tinha razão. Como é que se explica para outra pessoa o que é intimidade? Isso é algo que pode ser entendido somente por experiência própria. Agora você já sabe a lição de casa para hoje. E para amanhã também.

Quando você pula numa piscina, leva tempo até que as ondas desapareçam e você possa ver seu reflexo na água outra vez. Se você tentar apressar o processo, vai criar mais ondas ainda. Aprenda a esperar. Aprenda a ficar em silêncio, um pouco mais a cada vez. Não se pode apressar essas coisas. Elas levam o tempo que precisam levar.

Isso significa que você precisa deixar de ouvir as vozes que lhe dizem que se trata de perda de tempo. O teólogo Edward Schillebeeckx afirma: "O silêncio com Deus tem valor em si e por si mesmo, justamente porque Deus é Deus. Deixar de reconhecer o valor de simplesmente estar com Deus, como o amado, sem fazer nada, é arrancar o coração do cristianismo".[9]

Se alguém já lhe disse que é possível ter intimidade com Deus de forma instantânea, sem investir tempo e atenção com toda seriedade, só posso lhe dizer que você foi mal-orientado. É como aqueles programas de namoro na TV, em que duas pessoas que nunca se viram encontram o verdadeiro amor em uma semana. Não é assim que essas coisas acontecem. Se o relacionamento sobreviver o suficiente para se transformar em amor verdadeiro, isso acontecerá somente depois de um bom tempo, quando eles separarem tempo para conhecerem um ao outro e se tornarem realmente (não apenas fisicamente) íntimos. O amor verdadeiro acontece mais como no filme *A princesa prometida,* em que a princesa Buttercup finalmente acorda para o fato de que, dia após dia, mês após mês, quando Westley dizia "Como queira", o que ele realmente estava dizendo era "Eu te amo". Foi então que a princesa também passou a amá-lo.

Descobri que me relaciono melhor com os outros quando me relaciono com o coração do meu verdadeiro eu.

Então, de quem você é filho?

Mais uma coisa. Se me afasto do meu verdadeiro eu, afasto-me também das outras pessoas. Descobri que me relaciono melhor com os outros quando me relaciono com o coração do meu verdadeiro eu. Quando minha identidade vem de Deus e não dos outros, consigo ouvir com mais atenção, amar com mais liber-

[9] *The Church and Mankind,* p.118.

dade e agir com legítima compaixão. E me divirto mais! Eu me levo menos a sério quando sinto a respiração de Aba no meu rosto. E vejo como é real a afirmação de Anne Lamott de que riso é a santidade avivada.

"Perder" tempo com Deus de forma intencional me dá capacidade para falar e agir com uma força bem maior que a minha, para perdoar em vez de lamber minha feridas, para dar sem esperar retribuição. E tudo isso me torna uma pessoa de convivência bem mais agradável.

Livra-nos, Senhor, de discípulos sórdidos e de santos do pau oco. Frederick Buechner escreveu:

> Arrependa-se e creia no evangelho, é o que diz Jesus. Dê meia volta e creia que as boas novas de que somos amados são bem melhores do que ousaríamos esperar e que crer nessas boas novas, viver por elas, apaixonar-se por elas, é a maior felicidade que se pode ter neste mundo. Amém, e vem, Senhor Jesus.[10]

Frederick Buechner, John Eagan, Anne Lamott, Thomas Merton, Mike Yaconelli, em uníssono neste capítulo, convidam-nos a parar de correr e começar a descansar na promessa de Deus de que somos totalmente amados. Você é *filho de Aba.* Qualquer outra identidade não passa de ilusão. "Sou filho de Aba". Este é seu verdadeiro eu. *Filho de Aba.* É a resposta definitiva à pergunta: De quem você é filho?

[10] *The Clown in the Belfry*, p. 171.

Capítulo Quatro

Filhos de Aba

No dia seguinte, logo cedo, havia um bilhete sobre meu prato no café da manhã.

> Caro Brennan,
>
> Nestes meus 83 anos de vida, jamais tinha tido uma experiência como essa. Durante esta semana de suas palestras, você prometeu que, se comparecêssemos todas as noites, nossa vida seria mudada. A minha foi. Na semana passada, eu estava apavorado diante da perspectiva da morte. Esta noite, estou com saudades da casa de meu Aba.

Chorei ao ler essas palavras. Oitenta e três anos de idade. "Na semana passada, eu estava apavorado diante da perspectiva da morte. Esta noite, estou com saudades da casa de meu Aba."

Essa idéia — de que Deus é nosso Aba celestial, nosso papai — era novidade na época de Jesus. Na cultura religiosa daquele tempo, o nome de Deus não era nem sequer mencionado em voz alta nem grafado completamente. Não Deus, mas D - - s (em hebraico, claro). Isso lhe parece estranho? A idéia de que Deus nos ama não é grande novidade par as pessoas de culturas ocidentais. Se elas acreditam em Deus, a maioria acredita num

Deus que nos ama e tende a pressupor que somos seus filhos, irmãos e irmãs (por pior que nos tratemos uns aos outros).

A gente da época de Jesus não pensava assim. As pessoas pensavam em D - - s como criador e juiz da humanidade. O que contava para elas era a transcendência de D - - s.

> Transcendente:
> 1. que excede os limites normais: SUBLIME
> 2. que está acima das idéias e experiências comuns

As crianças com as quais Jesus cresceu deviam conhecer as palavras de Salmos 68:5: "Pai dos órfãos e juiz das viúvas é Deus em sua santa morada". Também deviam conhecer Salmos 103:13: "Como um pai se compadece de seus filhos, assim o SENHOR se compadece dos que o temem". Podem ter até pensado que essa era uma bela metáfora. Jesus, porém, não se referiu apenas vagamente ao "Pai", idéia que aparece só uma vez no Antigo Testamento (veja Ml 2:10). Jesus referia-se a Deus como "meu Pai" e fez isso várias vezes (mais de vinte vezes no evangelho de João).

E pelo menos numa oportunidade as pessoas o ouviram se referir a Deus como seu Aba — Papai (veja Mc 14:35, 36). Isso tinha — e tem — muita importância. Seus contemporâneos nunca se referiram ao criador como Aba, porque as pessoas que nem mesmo grafam o nome completo, mas apenas D - - s, dificilmente o chamariam de Papai.[1]

As pessoas que viram Jesus crescer conheciam os salmos proféticos (salmo 2 e salmo 89), em que D - - s chama a si mesmo Pai do futuro rei de Israel, um herói. Por isso, essas pessoas não gostavam de ouvir Jesus referir-se a D - - s como seu Pai pessoal, pois o que ele estava dizendo significava que ele pensava ser o Rei, o herói que eles estavam aguardando havia muitos séculos.

[1] Leia mais sobre o assunto em Joachim JEREMIAS, *The Parables of Jesus*, p. 128.

A própria família de Jesus pensava que talvez ele fosse meio maluco. O pessoal da capital Jerusalém achava que ele era perigoso. Quando Jesus foi a julgamento no meio da noite, os acusadores disseram: "Temos uma lei, e, de conformidade com a lei, ele deve morrer, porque a si mesmo se fez Filho de Deus".[2] Eles pareciam ter certeza de que Jesus pretendia alguma coisa a mais do que simplesmente: "Muito bem, vocês sabem que somos todos filhos de Deus. Então, será que não podemos nos entender e nos dar bem?". Enquanto isso, com exceção de Judas, as pessoas que haviam acompanhado Jesus durante anos estavam torcendo para que, ao contrário do que tudo indicava, no final Deus viesse intervir como Pai.

A própria família de Jesus pensava que talvez ele fosse meio maluco.

Aqueles seguidores nunca se esqueceram da intimidade que Jesus demonstrava ter com Aba. Era o tema central da história que eles contavam, e onde quer que essa história fosse ouvida, ela mexia com as pessoas. Paulo, o fundador de igrejas itinerante, escreveu aos cristãos de Roma:

> Pois todos os que são guiados pelo Espírito de Deus são filhos de Deus. Porque não recebestes o espírito de escravidão, para viverdes, outra vez, atemorizados, mas recebestes o espírito de adoção, baseados no qual clamamos: Aba, Pai. O próprio Espírito testifica com o nosso espírito que somos filhos de Deus.[3]

E João, o grande pastor, escreveu:

> Vede que grande amor nos tem concedido o Pai, a ponto de sermos chamados filhos de Deus; e, de fato, somos filhos de Deus. Por essa razão, o mundo não nos conhece, porquanto

[2] João 19:7.
[3] Romanos 8:14-16.

não o conheceu a ele mesmo. Amados, agora, somos filhos de Deus...[4]

Nosso afeto aumenta

Acho que essa intimidade cada vez maior com Deus — essa experiência com Aba — é a maior dádiva que já recebi de Jesus. Ele disse: "Ninguém conhece o Filho, senão o Pai; e ninguém conhece o Pai, senão o Filho e aquele a quem o Filho o quiser revelar".[5] Bem, estou pronto para ouvir o que ele tem para me revelar. Filho de Aba é quem eu sou — essa identidade tornou-se para mim mais importante que qualquer outra.

Quando tento fabricar uma auto-imagem baseada nos elogios de outras pessoas e o hipócrita sussurra: "Você conseguiu; você é bom nisso", sei que se trata de um autoconceito mentiroso. Quando caio em depressão, e o hipócrita me diz: "Desista. Você é uma farsa, um hipócrita", sei também que isso não é verdade. O psicólogo Gerald May nos lembra: "É importante reconhecer que comentários desse tipo são uma armadilha da mente. Eles não têm nada a ver com nossa verdadeira dignidade. O conceito que temos de nós mesmos em alguns momentos da vida pode ter quase nada a ver com o que realmente somos".[6]

Ao começar um retiro em solitude, escrevi em meu diário:

> Wernersville, Pensilvânia, 2 de janeiro. Lá fora está escuro, e a temperatura está abaixo de zero. É um excelente retrato da minha condição interior. É a noite de abertura de um retiro de oito dias, e estou aqui com uma sensação de desconforto, agitação e até pavor. Esgotado e me sentindo sozinho. Não consigo pensar em Deus mais que alguns segundos. Desisti de orar; é tudo muito artificial. As poucas palavras que dirijo a Deus são forçadas e não dizem nada para minha alma vazia.

[4] 1João 3:1-2.
[5] Mateus 11:27.
[6] *Addiction and Grace,* p.168.

> Estar em sua presença não me traz alegria. Dentro de mim se levanta um sentimento de culpa vago, porém opressor. De alguma forma falhei com Deus. Pode ser que o orgulho e a vaidade tenham me deixado cego ou a insensibilidade diante da dor tenha endurecido meu coração. Minha vida é uma decepção para o senhor? Causei-lhe tristeza porque minha alma está arrasada? Seja lá o que for, afastei-me do senhor, a culpa é minha, e não tenho condições de reverter a situação...

Talvez não seja a melhor forma de iniciar um retiro anual.

O esgotamento físico acabou passando, mas não a aridez espiritual. Eu gemia durante períodos de duas horas de oração sem vida todas as manhãs, tardes e noites. Não conseguia me concentrar, estava desorientado, como se estivesse remando com um só remo. Eu lia a Bíblia, mas não encontrava nada que me servisse. Andava de um lado para outro. Monotonia. Tentava ler um comentário bíblico, mas nada.

O afeto renasce quando sabemos que alguém de quem gostamos também gosta de nós.

Na tarde do quinto dia, fui para a capela às quatro horas, sentei-me numa cadeira de encosto reto e comecei um período de meditação, "a grande contemplação".

Nas treze horas seguintes permaneci acordado, imóvel e profundamente alerta. Às cinco e dez da manhã seguinte, deixei a capela com uma frase que não saía da minha cabeça nem de meu coração: Viva na sabedoria do afeto reconhecido.

O afeto renasce quando sabemos que alguém de quem gostamos também gosta de nós. O simples fato de saber que a pessoa está por perto nos dá uma sensação de segurança e coragem. Os mecanismos de defesa do hipócrita — sarcasmo, orgulho, justiça própria e a necessidade de impressionar os outros — caem por terra. Tornamo-nos mais abertos, sinceros, vulneráveis e verdadeiramente afetuosos. Nosso afeto aumenta.

Até o o último momento

O que você responderia se eu lhe fizesse a seguinte pergunta: "Você acredita sinceramente que Deus gosta de você — não apenas que ele o ama porque é Deus e tem que amar você — mas que ele gosta de verdade? Se você se convencer do alto da cabeça à planta dos pés que Aba o ama, importa-se com você e, sim!, que ele gosta de você, então começará a experimentar uma compaixão por si mesmo marcada pela calma e pela ternura, e isso transforma — bem, transforma todas as coisas.

A história de Deus aponta para o fato de que a compaixão é a essência da sua natureza, e seu coração pulsa com afeto.

> ... graças à entranhável misericórdia
> de nosso Deus, pela qual nos visitará
> o sol nascente das alturas,
> para alumiar os que jazem nas trevas
> e na sombra da morte,
> e dirigir os nossos pés
> pelo caminho da paz.[7]

> Acaso, pode uma mulher esquecer-se
> do filho que ainda mama,
> de sorte que não se compadeça
> do filho do seu ventre?
> Mas ainda que esta viesse a se esquecer dele,
> eu, todavia, não me esquecerei de ti.[8]

Richard Foster escreveu:

> O coração de Deus é o coração mais sensível e afetuoso que existe. Nenhum ato passa despercebido, por mais insignificante

[7] Lucas 1:78-79.
[8] Isaías 49:15.

> que seja. Um copo de água fria é suficiente para trazer lágrimas aos olhos de Deus. À semelhança de uma mãe que se emociona ao receber um buquê de flores de seu filho, assim também Deus celebra nossas pequenas expressões de gratidão.[9]

Talvez Deus seja mais afetuoso do que você possa imaginar. Jesus compreende o afeto do coração de Aba, entre cujos filhos ele é o primogênito. Por que Jesus amava todos aqueles pecadores de carteirinha e pessoas moralmente paupérrimas, conforme vemos nos evangelhos? Porque Aba amava. Jesus disse que não fazia nada por conta própria, mas somente o que Aba lhe dizia. Jesus demonstrou o amor extravagante de seu Pai, comendo e bebendo, pregando, ensinando e curando — amor que faz o sol nascer e a chuva cair sobre os bons, sobre os maus e sobre os que não têm atrativos.

Por causa desses atos de amor, Jesus foi um escândalo para os judeus devotos do primeiro século:

> O que não se podia absolutamente perdoar não era a sua preocupação com os doentes, os aleijados, os possessos [...] nem mesmo sua associação com os pobres e pessoas humildes. O verdadeiro problema é que ele se envolveu com fracassados morais, com pessoas obviamente irreligiosas e imorais, moral e politicamente suspeitas, duvidosas, obscuras, abandonadas e desesperançadas [...] que tipo de amor perigoso e ingênuo é este, que não conhece limites: a fronteira entre concidadãos e estrangeiros, membros do partido e não membros, entre vizinhos e pessoas distantes, entre vocações honrosas e desonrosas, entre pessoas de moral e sem moral, entre gente má e gente boa?[10]

[9] *Prayer, Finding the Heart's True Home*, p. 85.
[10] Hans KÜNG, *On Being a Christian*, p. 32.

O sol que nasce e a chuva que cai são dádivas de Deus para aqueles que o amam e também para os que não o amam. A compaixão de Jesus acolhe as piores pessoas e abre caminho para as que ainda vivem no pecado. O tribunal que temos dentro de nós evita os pecadores cujos pecados compreendemos (se compreendo um pecado, ele é uma fraqueza, uma luta da pessoa, mas, se não o compreendo, é uma perversão; não é assim mesmo?). Jesus se volta para o perverso com bondade e graça, acompanhando a vida da pessoa com vistas à conversão, "que sempre é possível até o último momento".[11]

Compaixão

A compaixão de Jesus acolhe as piores pessoas e abre caminho para as que ainda vivem no pecado.

> Vede que grande amor nos tem concedido o Pai, a ponto de sermos chamados filhos de Deus; e, de fato, somos filhos de Deus. Por essa razão, o mundo não nos conhece, porquanto não o conheceu a ele mesmo. Amados, agora, somos filhos de Deus, e ainda não se manifestou o que haveremos de ser. Sabemos que, quando ele se manifestar, seremos semelhantes a ele, porque haveremos de vê-lo como ele é. E a si mesmo se purifica todo o que nele tem esta esperança, assim como ele é puro.[12]

João, o pastor, escreveu as palavras acima para dizer o seguinte: O chamado sublime da vida, e que mais exige de nós, é para nos tornarmos como Jesus.

Felizmente, não estamos sozinhos nessa tarefa. Não se trata apenas de copiar o que Jesus faria (o hipócrita adoraria isso,

[11] Id., p. 33.
[12] 1João 3:1-3.

não é mesmo?), mas da própria vida de Jesus fluindo em nós e de nós para os outros, pois o Espírito de Deus faz morada em nosso coração. Podemos ficar sob a influência do Espírito Santo, inebriados em cada parte do nosso ser pelo Espírito de Cristo, assim como uma pessoa pode se embebedar com vinho (com conseqüências bem diferentes).

O hipócrita se irrita com essas palavras, pois resiste para passar o controle até mesmo para Deus. Ireneu afirmou que Deus assumiu nossa condição humana para que pudéssemos nos tornar semelhantes a ele. Graças em parte ao hipócrita, essas palavras têm significado coisas diferentes para pessoas distintas ao longo dos séculos. Se o negócio é pensar em Deus como onisciente, o hipócrita quer crescer em sabedoria e conhecimento. Se olhamos para um Deus todo-poderoso, o hipócrita busca a autoridade sobre as outras pessoas como o meio de se tornar semelhante a Deus. Se Deus é visto como imutável e invencível, o hipócrita ressalta uma coerência sólida e um elevado nível de resistência ao sofrimento como meio de alcançar a vida piedosa.

O chamado sublime da vida, e que mais exige de nós, é para nos tornarmos como Jesus.

A vida de Jesus nos mostra outra história, na qual o tornar-se semelhante a Aba significa mostrar compaixão. Donald Gray escreve: "Jesus revela numa vida excepcionalmente humana o que é uma vida divina, uma vida de compaixão".[13] A palavra compaixão não é difícil de ser decodificada. Formada de "com" (junto, ao lado de) mais "paixão" (sofrimento), transmite a idéia de "sofrer junto", "sofrer com alguém". A vida de Jesus aponta para o fato de que ser filho de Aba significa participar do sofrimento de outras pessoas. E como se faz isso? Siga a leitura...

[13] *Jesus — The Way to Freedom*, p. 70.

PERDÃO

> Então, Pedro, aproximando-se, lhe perguntou: Senhor, até quantas vezes meu irmão pecará contra mim, que eu lhe perdoe? Até sete vezes?
>
> Respondeu-lhe Jesus: Não te digo que até sete vezes, mas até setenta vezes sete. Por isso, o reino dos céus é semelhante a um rei que resolveu ajustar contas com os seus servos. E, passando a fazê-lo, trouxeram-lhe um que lhe devia dez mil talentos. Não tendo ele, porém, com que pagar, ordenou o senhor que fosse vendido ele, a mulher, os filhos e tudo quanto possuía e que a dívida fosse paga.
>
> Então, o servo, prostrando-se reverente, rogou: Sê paciente comigo, e tudo te pagarei. E o senhor daquele servo, compadecendo-se, mandou-o embora e perdoou-lhe a dívida.
>
> Saindo, porém, aquele servo, encontrou um dos seus conservos que lhe devia cem denários; e, agarrando-o, o sufocava, dizendo: Paga-me o que me deves.
>
> Então, o seu conservo, caindo-lhe aos pés, lhe implorava: Sê paciente comigo, e te pagarei. Ele, entretanto, não quis; antes, indo-se, o lançou na prisão, até que saldasse a dívida. Vendo os seus companheiros o que se havia passado, entristeceram-se muito e foram relatar ao seu senhor tudo o que acontecera.
>
> Então, o seu senhor, chamando-o, lhe disse: Servo malvado, perdoei-te aquela dívida toda porque me suplicaste; não devias tu, igualmente, compadecer-te do teu conservo, como também eu me compadeci de ti? E, indignando-se, o seu senhor o entregou aos verdugos, até que lhe pagasse toda a dívida. Assim também meu Pai celeste vos fará, se do íntimo não perdoardes cada um a seu irmão.[14]

A Bíblia faz um vínculo direto entre compaixão e perdão. Aba chama seus filhos a uma vida de perdão neste mundo em

[14] Mateus 18:21-35.

que se exige olho por olho. Na realidade, as coisas podem ser piores num mundo que pensa em matá-lo só ao olhar para você, principalmente se você for pobre, ou rico, ou homossexual, ou heterossexual, ou muçulmano, ou hindu, ou cristão, ou do partido do governo, ou do partido de oposição, ou negro, ou branco, ou qualquer coisa em você que seja diferente daquele que está com o dedo no gatilho. No meio desse medo insano, Deus chama seus filhos a amar em vez de odiar, a perdoar em vez de agredir. Amar a Deus é o primeiro mandamento; amar o nosso próximo como amamos a nós mesmos é o segundo (e, de acordo com Jesus, igual ao primeiro em muitos aspectos). Isso inclui as pessoas que nos odeiam — e as que odiamos. Tratar os inimigos como nossos próximos é a atitude de Cristo; faz parte da nossa identidade como filhos de Aba neste mundo.

No final das contas

Pessoas perdoadas que perdoam. É isto que somos: a mulher cujo marido esqueceu o aniversário de casamento, e os pais cujo filho foi atropelado e morto por um motorista bêbado; a vítima de acusações infundadas, e o morador de rua que dorme debaixo do viaduto; o namorado que levou um pontapé da namorada, e os que sofrem violência sexual; o casal de idosos que perdeu as economias da vida para estelionatários gananciosos, e a mulher cujo marido alcoólico desperdiçou seus bens; cristãos ofendidos por imagens blasfemas de Deus, e a mãe que recebeu o corpo da filha torturada e retalhada por seqüestradores.

E os seqüestradores também, por bizarro que isso possa parecer. Os estelionatários, os abusadores e abusados — todos são perdoados e chamados a perdoar pelo poder de Cristo.

Isso parece passar dos limites. É claro que passa; nenhum ser humano pode ser tão bom sem ser indigno. Pedir isso seria demais. Se Deus soubesse o que sabemos, se tivesse de enfrentar o que enfrentamos, se... opa... espere um pouco... Deus sabe. Deus esteve aqui e ainda está — em nós.

Você crê nisso? Estou escrevendo essas palavras numa Terça-feira Gorda, também conhecida como Mardi Gras. É o dia anterior ao início da Quaresma, dia em que, em muitos lugares do mundo, os cristãos despedem-se da carne, que não será consumida nos quarenta dias seguintes. Muitos não entendem a razão disso, mas nós entendemos. Trata-se de um símbolo de purificação e de abandono das coisas nas quais procuramos conforto em vez de correr para os braços de nosso Aba, que é o que poderíamos e deveríamos fazer.

Amanhã começam os quarenta dias da Quaresma, que nos preparam para a Páscoa. A Quaresma também é um símbolo. Simboliza o reconhecimento de nosso fracasso e de nossas fraquezas, o renovar de nossa intenção de confiar em Deus em todas as circunstâncias. Muitos não entendem direito o significado desse símbolo e o relacionam apenas com introspecção e meditação. Mas não é só isso. As cinzas que, amanhã, em muitos lugares do mundo, os cristãos receberão em forma de cruz sobre a testa são as cinzas do nosso pecado contra Deus e contra o próximo. Esses quarenta dias e quarenta noites falam do perdão que recebemos, do que isso custou a Jesus e do que nos custa estender as mãos e aceitá-lo sob os protestos do hipócrita, que não entende por que, no final das contas, chega-se a este ponto.

Deus sabe que jamais seremos capazes de perdoar se não vivenciarmos nosso próprio perdão.

Mas é exatamente a esse ponto que se chega, e o hipócrita sabe disso. E nós também sabemos, pois Deus sabe que jamais seremos capazes de perdoar se não vivenciarmos nosso próprio perdão.

Portanto, sim, vamos nos recolher cada um em seu quarto e pensar sobre o assunto. Sente-se em solitude e olhe para o Filho de Aba morrendo em completa solidão no meio de uma tragédia sangrenta. Observe como ele transpira perdão sobre seus torturadores. "Pai, perdoa-lhes, porque não sabem o que fazem".

Observe as luzes que se apagam e experimente o poder de cura do Senhor que está morrendo.

Raramente a cura de um coração é sinônimo de libertação instantânea de amargura, raiva e ódio. Em geral é um crescimento suave rumo à unidade com aquele que se permitiu ser sacrificado para se tornar nossa paz e esperança para esta vida e para a próxima. A cura pode levar bastante tempo se a dor for muito profunda. Mas ela virá. O Cristo assassinado não é somente um exemplo de heroísmo. Ele é o poder e a sabedoria de Deus, uma força viva no atual estado de ressurreição, força que renova nossa vida e nos permite estender o perdão aos nossos inimigos, pois ele nos perdoou quando éramos seus inimigos.

O óbvio nem sempre é a realidade

A compreensão mobiliza a compaixão que nos possibilita perdoar. Stephen Covey recorda um incidente no metrô de Nova York numa manhã de domingo. Os poucos passageiros no vagão estavam lendo jornal ou cochilando. Covey estava envolvido numa leitura, quando certo homem embarcou com algumas crianças, que deram início à bagunça. A criançada corria de um lado para o outro do vagão, gritando e lutando umas com as outras. O pai não mexia um dedo para coibir aquilo.

Passageiros mais idosos mudavam de lugar, visivelmente irritados. Covey esperava com paciência que o pai restaurasse a ordem com uma bronca de leve, uma palavra de ordem, qualquer expressão de autoridade paterna — mas nada. A tensão toda se transformava em frustração. Por fim, Covey voltou-se para o pai e disse educadamente: "Talvez o senhor possa restaurar a ordem aqui, se disser a seus filhos que voltem e se sentem".

"Eu sei que eu deveria fazer alguma coisa", respondeu o homem. "Estamos vindo do hospital. A mãe deles morreu faz uma hora. Eu simplesmente não sei o que fazer."[15]

[15] *The Seven Habits of Highly Effective People,* audiocassete.

Exatamente quando eu acho que sei, descubro que não sei.

Dificilmente a realidade é aquilo que nos parece mais óbvio.

O que eu não sei é quase sempre mais importante que aquilo que sei.

Quando sabemos onde está a dor do nosso inimigo, a compaixão conduz ao perdão.

Corações de pedra

> Afirmo-lhes esta noite que a AIDS/HIV é uma praga de proporções bíblicas, e devemos enfrentá-la com o mesmo nível de compromisso, zelo, investimento financeiro e recursos que temos corretamente empregado no combate ao terrorismo internacional.[16]
>
> FRANKLIN GRAHAM

> A África, o continente mais pobre do mundo, gasta 40 milhões por ano com rolagem de dívidas. A conseqüência disso é que muitos países africanos gastam mais com pagamento de dívidas do que com saúde e educação. Além disso, segundo a ONU, mais de 28 milhões de africanos — um milhão e meio de crianças — estão contaminados com AIDS. Até 2010, mais de 25 milhões de crianças africanas terão perdido pai, mãe, ou ambos, para o HIV.[17]
>
> MARK ROSS E LINDY WARREN

> Em pesquisa encomendada pela Visão Mundial e realizada em 2001 pelo Barna Research Group revelou-se que, em comparação com não cristãos, os cristãos evangélicos têm bem menos probabilidade de contribuir com dinheiro para campanhas sobre a AIDS e para programas de prevenção em todo o mundo. Apenas três por cento de evangélicos disseram ter planos de colaborar internacionalmente para o combate à

[16] Em seu discurso de abertura do *Prescription for Hope, The International Christian Conference on HIV/AIDS,* 17 de fevereiro de 2002.

[17] Em *The Gospel Music Association's GMAil,* 3 de julho de 2002.

AIDS, em comparação com oito por cento de não cristãos e oito por cento de pessoas que se descreveram como cristãs nascidas de novo. Os evangélicos apresentaram-se também como o grupo com menor índice de probabilidade de ajudar crianças cujos pais morreram de AIDS.[18] SHERYL HENDERSON BLUNT

O que é que está acontecendo com as igrejas? É inacreditável. Informo a esses evangélicos dos Estados Unidos que na Bíblia há 2.300 versículos sobre os pobres. Tirando a redenção pessoal, a mensagem sobre como lidar com os pobres é central. Pergunto-lhes o que estão fazendo nesse aspecto. O que estão fazendo?[19] BONO, VOCALISTA DO U2

As igrejas no Norte não conhecem a dor, não sentem o mau cheiro, nem vêem a aparência subnutrida de seus próprios irmãos e irmãs [...] As igrejas nos Estados Unidos devem fazer uma reflexão teológica sobre a íntima ligação entre o pecador e o estigmatizado, trabalhando por uma teologia de reconciliação. As igrejas [...] cometem o pecado da omissão quando deixam de fazer mais nesse campo.[20] CALLE ALMEDAL, ONU-AIDS

O que eu não sei é quase sempre mais importante que aquilo que sei.

As pessoas dizem que, para resolver um problema tão urgente quanto a AIDS, seria preciso uma açao de Deus. Mas acho que Deus espera que essa ação parta de nós.[21] BONO

[18] *Christianity Today,* 22/4/2002, vol. 46, no. 5, p. 18.
[19] Declaração à *Canadian Broadcasting Company's Peter Mansbridge,* na TV CBC, *The National,* 28 de junho de 2002.
[20] *Christianity Today,* 22/4/2002, vol. 46, no. 5, p. 5.
[21] Declaração à *St. Paul's United Methodist Church* de Chicago, *Chicago Tribune,* 3/12/2002.

Sempre que o evangelho é usado para diminuir a dignidade de qualquer pessoa criada à imagem de Deus, ele deixa de ser o verdadeiro evangelho. Pessoas que usam o nome de Deus para justificar preconceitos, menosprezo e hostilidade não estão fazendo a obra de Deus, mas a obra do hipócrita. Isso não quer dizer que elas não sejam sinceras a respeito de Deus e do evangelho. Quer dizer apenas que estão sinceramente erradas.

Realizo um ministério de meio-período junto a uma agência interconfessional de AIDS na região de Nova Orleans. Nossa equipe interdenominacional oferece ajuda prática e espiritual para pessoas com AIDS, incluindo a família e os amigos. Damos assistência com transporte, visitação, pequenos serviços domésticos e passeios. Nossa missão pode ser resumida neste comentário feito por um homem: "Meu melhor amigo dos últimos doze anos me disse: 'Não tenho mais condições de acompanhar você. O sofrimento é insuportável. Estou mesmo com medo'. Para ele, eu não era mais o Gerald. Eu não era mais seu melhor amigo. Eu era o Gerald que está com AIDS". E disse-nos ainda: "Vocês nem me conheciam, mas mesmo assim querem ficar do meu lado. Gosto demais disso".

Pessoas que usam o nome de Deus para justificar preconceitos, menosprezo e hostilidade não estão fazendo a obra de Deus, mas a obra do hipócrita.

Eu estava relatando isso a um grupo de pastores num congresso para ministros de jovens, e um deles me questionou. "Mas qual deve ser a posição da igreja em relação à comunidade *gay*?".

Então respondi: "Numa de suas parábolas agrícolas, Jesus disse que deveríamos deixar o trigo e o joio crescerem juntos. Paulo revela o mesmo espírito quando escreve em 1Coríntios: 'Parem de julgar e esperem a volta do Senhor'.[22] Os filhos e as filhas de Aba são as pessoas menos acusadoras que você pode

[22] 1Coríntios 4:5, paráfrase do autor.

encontrar. Elas se entendem muito bem com os pecadores. Lembram-se do texto de Mateus em que Jesus diz 'sede vós perfeitos como perfeito é o vosso Pai celeste'? Em Lucas, o mesmo versículo é assim traduzido: 'Sede misericordiosos, como também é misericordioso vosso Pai'. Estudiosos da Bíblia afirmam que as duas palavras, perfeitos e misericordiosos, podem ser reduzidas à mesma realidade. Isso quer dizer que seguir Jesus em seu ministério de misericórdia define exatamente o sentido bíblico de ser perfeito como perfeito é o Pai celestial".

E continuei: "Além disso, resisto à idéia de retirar Deus de sua posição de juiz, pois não tenho nem conhecimento nem autoridade para julgar qualquer pessoa que seja. Ninguém aqui desta mesa já teve motivo para fazer algo assim. Como se pode saber o que leva as outras pessoas a fazer o que fazem? Lembre-se das palavras de Paulo, depois de seu discurso sobre homossexualidade em Romanos 1. Ele inicia assim o capítulo seguinte: 'Portanto, és indesculpável, ó homem, quando julgas, quem quer que sejas; porque, no que julgas a outro, a ti mesmo te condenas; pois praticas as próprias coisas que condenas'. Lembro-me das palavras de um livro de Leo Tolstoy: 'Se as fantasias sexuais da maioria das pessoas fossem conhecidas, o mundo ficaria horrorizado'.

Corações de pedra se transformam em corações de carne só quando entendemos a tristeza dos excluídos — nunca antes disso.

"A homofobia está entre os maiores e mais vergonhosos escândalos da minha época. Na virada do século, é assustador ver o moralismo intolerante das pessoas que insistem em se comportar como se fossem mais santas que Deus. Alan Jones afirmou: 'É justamente entre os que levam a vida espiritual mais a sério que se encontra o grande perigo'.[23] Pessoas religiosas são facilmente

[23] *Exploring Spiritual Direction* p. 17. Este livro e outro do mesmo autor, *Soul Making, The Desert Way of Spirituality*, têm sido para mim importantes fontes de inspiração.

levadas pela ditadura da homofobia e do racismo — talvez mais que as outras."

Corações de pedra se transformam em corações de carne quando entendemos a tristeza dos excluídos — nunca antes disso.

O OUTRO SOMOS NÓS MESMOS

Ser filho de Aba não é um conceito abstrato para mim. É a verdade central da minha existência. Viver na sabedoria do afeto reconhecido altera minha percepção da realidade e o modo pelo qual reajo diante das pessoas e das suas dificuldades na vida. Como trato meus irmãos e irmãs no dia-a-dia, quer sejam brancos, negros ou amarelos; como reajo diante dos estressados na rua; como reajo às interrupções de pessoas das quais não gosto; como lido com gente comum e sua incredulidade comum em dias igualmente comuns; tudo isso revela minha verdadeira identidade, muito mais que os adesivos em favor da vida e contra a guerra que ponho no meu carro.

Não protegemos a vida simplesmente para afastar a morte. Somos filhos e filhas do Rei sublime e estamos amadurecendo no seu afeto, a ponto de não sermos contra, mas a favor dos outros — todos os outros — de forma que nenhum ser humano nos seja estranho. A ponto de poder tocar a mão de outra pessoa com amor. A ponto de não haver "outros" para nós.

Isso é coisa para a vida inteira. É um longo processo gradual de me tornar como Cristo no modo que penso, falo e vivo a cada dia. Como diz Henri Nouwen, "para do alto me trazer a verdade revelada, fazendo-a descer até mim na simplicidade do que sou e, de fato, do que penso, do que falo e do que faço minuto após minuto".[24]

Neste mundo devemos levar uma vida marcada pelo afeto. Todas as outras coisas são ilusão, percepção distorcida, falsidade. Já perdi a conta das traições e infidelidades que cometi nesta

[24] *Life of the Beloved,* p. 34.

vida. Mas ainda me agarro à ilusão de que eu e meus colegas precisamos ser moralmente irrepreensíveis e não ter fraquezas humanas. Toda vez que permito que alguma coisa que não seja compaixão dite o meu comportamento — ira baseada em justiça própria, moralismo, atitude de defesa, necessidade de me meter na vida dos outros, crítica, frustração diante da ignorância das pessoas, superioridade espiritual, autojustificação — sempre que me comporto assim, estou me alienando da minha verdadeira identidade de filho de Aba. E me afasto das pessoas que eu deveria amar como Cristo as ama.

Uma vida de compaixão não é uma vida de boa vontade distribuída a torto e a direito nem uma doença que Robert Wicks chama de "simpatia crônica". Não é uma vida em que se insiste que a viúva deve fazer amizade com o assassino do seu marido. Não é uma vida que exige que gostemos de todo mundo, nem que toleremos o pecado e fiquemos imóveis diante da injustiça. A compaixão não aceita todas as coisas como se fossem iguais — amor e luxúria, fé cristã e ateísmo, tirania e democracia. A vida marcada pelo afeto desvia-se do fanatismo cego e se esforça por enxergar o mundo com profunda clareza. A compaixão de Deus nos abre os olhos para vermos a dignidade singular de cada pessoa. "O outro somos nós; e precisamos amá-lo apesar do pecado, assim como fomos amados apesar do nosso pecado".[25]

Contrição particular

Desde a minha infância gravaram-se no disco rígido do meu cérebro sentimentos e atitudes de preconceito, discriminação, falsas crenças, racismo e homofobia — tudo isso acompanhado pelos conceitos cristãos ortodoxos. Eram mecanismos de defesa contra o amor.

Cresci numa respeitável área do Brooklyn, lugar em que faziam parte de nosso vocabulário rotineiro palavras ofensivas

[25] Robert Wicks, *Touching the Holy*, p. 87.

dirigidas a negros, latinos, judeus e homossexuais. Em 1947, quando o presidente do nosso time de beisebol favorito ultrapassou a barreira da cor ao convidar um jogador negro para a liga principal, nós o chamamos de "amigo da negrada", e muitos entre nós passaram a torcer para outro time. Estávamos cansados de negros que haviam estudado e não tinham papas na língua, a exemplo de Malcom X, pessoa que logicamente não conhecia seu lugar e levantava a voz com uma ira que eu achava injustificada contra a supremacia branca diante da beleza, das necessidades e da excelência dos negros. Católicos irlandeses como eu tinham um discurso de estereótipos que incentivavam o medo, a ignorância, e reduziam ao mínimo o verdadeiro diálogo.

A contaminação com racismo e homofobia na minha infância não desapareceu com a chegada da instrução intelectual nem com a maturidade espiritual. Ainda estou contaminado até os ossos. Eu os tenho carregado comigo durante toda a vida com graus variados de consciência, mas sempre com cautela, sempre com muita atenção para o sofrimento que me sobreviria se de algum modo eu fosse forçado a reconhecer a existência deles. Tenho tentado negar, ignorar e reprimir preconceitos homofóbicos e racistas, pois são indignos de um ministro do evangelho. Eu temia que reconhecer a existência deles pudesse fortalecê-los. Por ironia, o que lhes dá força é justamente o ato de negar e reprimir. Hoje estou cada vez mais consciente da compulsão oposta. Quero saber com toda exatidão possível até que ponto estou contaminado, e o que isso está provocando em mim. E quero ser curado. Quero ficar livre dessa contaminação e não contagiar os meus filhos.[26]

O hipócrita se retrai somente quando é reconhecido e aceito como uma parte de mim, constrangedora, porém real. A auto-acei-

[26] Adaptado de Wendell BERRY, *The Hidden Wound*, p. 4. Aproveitei as palavras e idéias de Wendell Berry em sua luta contra o racismo, aplicando-as também à homossexualidade.

tação que provém do ato de me revestir da minha identidade central como filho de Aba me dá condições de encarar minha contrição com total honestidade e confiança no Deus de misericórdia.

Observe uma rosa

Na minha opinião, homofobia e racismo estão entre as questões morais de maior polarização e mais preocupantes da nossa geração.

Em questões políticas e religiosas, a permissividade da esquerda que aceita tudo passivamente contrapõe-se ao moralismo ditatorial da direita. A pessoa que simplesmente engole uma dessas linhas é culpada de submissão idólatra de sua identidade central como filha de Aba. Nem a chuva de confetes dos liberais nem a metralhadora dos conservadores é indicada quando se lida com a dignidade humana mortificada.

O hipócrita se retrai somente quando é reconhecido e aceito como uma parte de mim, constrangedora, porém real.

Os filhos de Aba buscam a terceira opção, orientados acima de tudo pela Palavra de Deus. Todos os sistemas políticos e religiosos, seja a direita, seja a esquerda, são produtos da ação humana. Os filhos de Aba não se vendem nem para os liberais nem para os conservadores. Eles se apegam à liberdade em Cristo para viver o evangelho — sem se contaminar com o lixo cultural, nem com os detritos políticos, nem com a extravagância das manobras de intimidação religiosa. Os que se dispõem a entregar os *gays* nas mãos de torturadores não podem alegar autoridade sobre os filhos de Aba. Jesus disse que tais pessoas corrompem a essência da verdadeira espiritualidade, fazendo do Éden um terreno baldio, um lugar desolado, uma cratera, criando uma igreja onde as pessoas são submetidas a uma alienação espiritual solitária em relação aos seus melhores instintos humanos.

Frederick Buechner escreveu:

> Nunca foi novidade para nós o que temos de errado. A maldade está em todos nós, até nas pessoas mais civilizadas. Nossa falta de sinceridade, as máscaras atrás das quais somos nós mesmos. A inveja, o modo pelo qual o sucesso dos outros nos atinge como ferrões de vespas. E toda a difamação, fazendo caricaturas uns dos outros, tanto que nos tratamos como se fôssemos caricaturas, até mesmo quando nos amamos. Toda essa bobagem infantil, tanta coisa feia. "Joguem tudo isso fora", diz Pedro. "Cresçam na salvação. Pelo amor de Cristo, cresçam."[27]

É disto que estamos falando: crescimento! A ordem de Jesus para que nos amemos uns aos outros jamais fica limitada por nacionalidade, posição social, antecedentes étnicos, preferência sexual ou a capacidade inerente que o "outro" tem de ser amado. O "outro", que tem direito ao meu amor, é qualquer pessoa a quem eu seja capaz de reagir conforme a parábola do bom samaritano deixa claro:

> Qual destes três te parece ter sido o próximo do homem que caiu nas mãos dos salteadores?
>
> Respondeu-lhe o intérprete da Lei: O que usou de misericórdia para com ele. Então, lhe disse: Vai e procede tu de igual modo.[28]

A perspectiva dominante de quase todos os ensinamentos de Jesus é a insistência no caráter plenamente indiscriminado da compaixão. O que é paixão indiscriminada?

[27] *The Clown in the Belfry*, p. 146.
[28] Lucas 10:36-37.

Observe uma rosa. Seria possível à rosa dizer: "Vou oferecer minha fragrância a quem é bom, mas negá-la às pessoas más"? Ou você consegue imaginar uma lâmpada que negue seus raios às pessoas perversas que tentam andar na sua luz? Isso seria possível apenas se ela deixasse de ser lâmpada. Perceba como uma árvore dá sua sombra de forma indiscriminada a todo mundo, bons e maus, jovens e velhos, altos e baixos, animais e humanos e a todas os seres viventes — até para quem tenta derrubá-la. Esta é a primeira qualidade da compaixão: seu caráter indiscriminado.[29]

Sem rótulos

Tirei um dia de folga para passear com minha mulher no Quarteirão Francês em Nova Orleans. Andamos pela Jackson Square provando comidas típicas e paramos numa sorveteria para encerrar o passeio com chave de ouro: um sundae cremoso numa taça gigante — uma experiência transcendental.

Ao virar a esquina para entrar na Bourbon Street, uma garota sorridente, com cerca de vinte anos de idade, aproximou-se e espetou flores em nossas jaquetas, perguntando se poderíamos contribuir com sua missão. Quando lhe perguntei que missão ela representava, ela respondeu:

— A Igreja da Unificação.

— O fundador dessa igreja é o reverendo Moon. Então acho que isso quer dizer que você é sua seguidora.

— Sim.

Em minha mente, havia duas coisas que depunham contra ela. Ela era uma incrédula que não aceitava Jesus Cristo como seu Senhor e Salvador. E era uma jovem bobinha e ingênua, que havia sido levada pela conversa de uma seita. Mas eu lhe disse:

— Sabe de uma coisa, Susan? Tenho uma profunda admiração por sua integridade e fidelidade à sua consciência. Você está

[29] Anthony DeMello, *The Way to Love*, p. 77.

aqui andando pela rua e fazendo aquilo em que acredita. Você é um desafio para qualquer pessoa que se diz cristã.

Minha mulher estendeu os braços e a abraçou. E eu abracei as duas. Então, a moça perguntou:

— Vocês são cristãos?

Fizemos com a cabeça que sim.

Ela abaixou a cabeça, e vimos lágrimas caindo sobre a calçada. Um minuto depois, ela continuou:

— Faz oito dias que estou nessa missão aqui no Quarteirão Francês. Vocês foram os primeiros cristãos que foram simpáticos comigo. Os outros ou me olharam com desprezo ou me disseram que eu estava possuída por algum demônio. Uma mulher me bateu com a Bíblia.

A esperança é a atmosfera em que se dá o verdadeiro discipulado, a mentalidade que é a marca registrada dos filhos de Aba.

Sabe o que chama a atenção das pessoas? Medo e esperança. Sabemos o que o medo faz — medo de errar, de parecer ridículo, de ser excluído, abandonado, ignorado. O medo acende uma luz de emergência na noite, luz que faz o hipócrita vir em nosso socorro para nos resgatar — mas no final das contas não há resgate nenhum.

A esperança, por sua vez, é alimentada pelas mãos afetuosas da compaixão: a vida de afeto que não conhece barreiras, rótulos, isolamento ou divisões preconceituosas. A fé cristã é vivida com a esperança do que ainda pode acontecer pela graça de Deus. Jesus, a face humana de Deus, leva esperança aonde quer que vá. A esperança é a atmosfera em que se dá o verdadeiro discipulado, a mentalidade que é a marca registrada dos filhos de Aba.

Capítulo Cinco

Mais santos que Deus

Um dos aspectos mais curiosos do advento do cristianismo é a intolerância que se espalhou pelo mundo.[1]

BERTRAND RUSSELL EM *WHY I AM NOT A CHRISTIAN*

Não é preciso ser um gênio para perceber que as pessoas religiosas tendem a ser mais obtusas do que de mente aberta. A história é quem nos mostra isso e, se Bertrand Russell estava certo, as pessoas que praticam a religião cristã encontram-se entre os piores exemplos. Com certeza, ele não é o único que pensa desse jeito. Faça uma enquete.

Em vez de expandir nossa capacidade para a vida, para a alegria e para o mistério, a religião geralmente faz o contrário. Quanto mais teologias sistemáticas surgem, menos o senso de fascínio resiste. Os pensadores da religião encontram formas de resolver enigmas, contradições e incertezas — e explicam Deus. Idéias e palavras tomam o lugar da experiência com Deus. A história do Criador que busca suas criaturas perdidas através do tempo para efetuar um resgate que desafia a morte

[1] *Why I Am Not a Christian, and Other Essays on Religion and Related Subjects*, p. 35. No Brasil, a obra foi publicada sob o título Por que não sou cristão.

transforma-se no livrinho de instruções de Deus para uma vida feliz. *Mistério? Não, obrigado; nós temos provas! Fé? Não é preciso; temos certeza!*

Sim, é lógico que vocês têm.

O que vocês escolhem?

Não foi a única vez que isso aconteceu. Jesus vivia em pleno contato com um grupo de judeus fundamentalistas chamados fariseus, originados dentro da cultura judaica durante os quatro séculos entre Malaquias e Mateus. Eles alegavam que seus mestres eram os únicos que realmente entendiam de Bíblia e, portanto, os únicos que compreendiam D - - s. Assim, eram rigorosos acerca de muitos pontos — principalmente sobre a guarda do sábado (*sabbath*).

Sábado significa *descanso* e, desde o princípio, foi a celebração que o próprio Deus fez de sua obra de criação. Veja um trecho da história narrada em Gênesis:

> Viu Deus tudo quanto fizera,
> e eis que era muito bom.
> Houve tarde e manhã,
> o sexto dia.
> Assim, pois, foram acabados os céus e a terra
> e todo o seu exército.
> E, havendo Deus terminado
> no dia sétimo a sua obra, que fizera,
> descansou nesse dia de toda a sua obra
> que tinha feito.
> E abençoou Deus o dia sétimo
> e o santificou;
> porque nele descansou de toda a obra
> que, como Criador, fizera.[2]

[2] Gênesis 1:31—2:3.

A primeira vez que a palavra *sabbath* aparece na Bíblia é na história do maná que Deus enviou para alimentar o povo no deserto (como eles o recolhiam é uma história impressionante que começa em Gênesis 37 e continua através do livro de Êxodo). O povo tinha o hábito de contar os dias de um pôr do sol até o outro, e as razões desse costume não são muito claras. De qualquer modo, durante cinco manhãs (de domingo a quinta-feira), o povo recolhia uma substância doce, branca, em forma de floco, que caía sobre o solo do deserto durante a madrugada. E as pessoas a levavam para casa para fazer pão. E o nome que deram àquilo foi maná (que, por engraçado que pareça, significa "o que é isto?"). Nas manhãs de sexta-feira, eles recolhiam o suficiente para dois dias. Não havia maná no sábado, pois era dia de descanso — o sábado santificado a Deus.[3]

O sábado tornou-se uma celebração da fidelidade de Deus, um exercício semanal em que, deixando de trabalhar, o povo afirmava que Deus não deixa faltar nada, mesmo quando se está peregrinando pelo deserto. O sábado era um ato de adoração, de gratidão e de fé.

Quando Moisés entregou ao povo a Lei de Deus, um dos mandamentos dizia:

> Lembra-te do dia de sábado, para o santificar. Seis dias trabalharás e farás toda a tua obra. Mas o sétimo dia é o sábado do SENHOR, teu Deus; não farás nenhum trabalho, nem tu, nem o teu filho, nem a tua filha, nem o teu servo, nem a tua serva, nem o teu animal, nem o forasteiro das tuas portas para dentro; porque, em seis dias, fez o SENHOR os céus e a terra, o mar e tudo o que neles há e, ao sétimo dia, descansou; por isso, o SENHOR abençoou o dia de sábado e o santificou.[4]

[3] Veja Êxodo 16.
[4] Êxodo 20:8-11.

Deixar de lado a preocupação com a necessidade de ganhar a vida era uma questão de olhar para a realidade: alguém está no controle, e não somos nós, certo? Então, relaxe e pare de tentar controlar o mundo.

O tempo passa, Deus se mostra fiel, mas assim mesmo o povo mete os pés pelas mãos. Êxodo 31 faz a temperatura subir em relação ao sábado.

> Disse mais o SENHOR a Moisés: Tu, pois, falarás aos filhos de Israel e lhes dirás: Certamente, guardareis os meus sábados; pois é sinal entre mim e vós nas vossas gerações; para que saibais que eu sou o SENHOR, que vos santifica. Portanto, guardareis o sábado, porque é santo para vós outros; aquele que o profanar morrerá; pois qualquer que nele fizer alguma obra será eliminado do meio do seu povo. Seis dias se trabalhará, porém o sétimo dia é o sábado do repouso solene, santo ao SENHOR; qualquer que no dia do sábado fizer alguma obra morrerá.[5]

Isso é coisa séria. Muita coisa deve ter acontecido entre a primeira ordem para descansar, em Êxodo 16, e essa grave reafirmação do conceito em Êxodo 31. É como se Deus estivesse dizendo: *Eu vou ser bem direto: o sábado é uma amostra semanal das intenções que vocês têm em relação a mim. Vocês podem adorar só um de nós: ou eu ou vocês. O que escolhem? Vocês vão reconhecer que a provisão vem de mim ou pretendem ficar com esse crédito para si mesmos? Vão confiar em mim ou em vocês mesmos? Estou falando sério. Não é necessário ter pressa, e vou esperar a resposta até, digamos, o fim da tarde da sexta-feira.*

Ataques de mau humor

Avance para o profeta Isaías, que se refere ao sábado como um dia de alegria.

[5] Êxodo 31:12-15.

Se desviares o pé de profanar o sábado
e de cuidar dos teus próprios interesses no meu santo dia;
se chamares ao sábado deleitoso
e santo dia do SENHOR,
digno de honra, e o honrares não seguindo os teus caminhos,
não pretendendo fazer a tua própria vontade,
nem falando palavras vãs,
então, te deleitarás no SENHOR.[6]

Nada mau. Jejum e lamentação eram proibidos no sábado. Roupas bonitas eram o traje do dia, e música alegre, a trilha sonora. A comemoração não ficava só no templo, mas invadia as casas. O sábado era (e ainda é) o grande evento no lar de judeus ortodoxos — tanto que o sábado é visto como o fundamento da estrutura familiar coesa que caracterizou os judeus ortodoxos ao longo dos séculos. Cada membro da família tinha de estar presente para a refeição do sábado junto com pessoas convidadas — principalmente os pobres, estrangeiros e viajantes.[7]

A celebração do sábado em família começava no crepúsculo da sexta-feira, quando a mãe acendia as velas cerimoniais. Em seguida, o pai, após dar graças segurando uma taça de vinho, punha a mão sobre a cabeça de cada um dos filhos e os abençoava com uma oração pessoal. A celebração do sábado transformava a casa dos judeus em pequenos santuários, onde os pais eram os sacerdotes, e a mesa da família era o altar. Era um cena bonita.

Infelizmente, os horrores do exílio babilônico[8] fizeram com que um segmento de líderes judeus exagerasse na questão das leis de Deus. Afinal de contas, havia sido a desobediência da nação

[6] Isaías 58:13-14.

[7] A tradição prevalecia. Em Lucas 7, vemos Jesus, pregador itinerante, tomando a refeição do sábado na casa de Simão, o fariseu.

[8] A história pode ser lida a partir de 2Reis 24.

que provocara Deus a mandá-la para o cativeiro na Babilônia. Assim, nada mais apropriado do que se tornar compulsivo com relação a evitar qualquer coisa que pudesse ser interpretada como um mínimo de desobediência a Deus, certo?

Esse segmento, que veio a ser chamado fariseu, perdeu a noção do sentido principal do sábado. Os fariseus transformaram o dia do descanso de Deus em uma lista de exigências frias e legalistas — uma série de proibições. Com isso acabaram formando uma falsa imagem de Deus como o contador eterno e mesquinho que se sente satisfeito somente quando as pessoas prestam atenção a coisas como o número de passos que podem ser dados no sábado. Nas mãos dos fariseus, a religião se tornou uma arma para intimidar e escravizar, em vez de libertar e capacitar. Os judeus eram ensinados a se concentrar não tanto em adorar a Deus e a confiar nele, mas em mostrar como eram bons não trabalhando no sábado.

Os ensinamentos dos fariseus eram uma traição da bondade de Deus. T. S. Eliot põe o dedo na ferida:

> A última tentação é a principal traição:
> Fazer a coisa certa por uma louca razão.[9]

A alegre celebração da criação e da fidelidade de Deus sumiu numa nuvem de legalismo. Os meios se tornam no fim. Descanso transforma-se em trabalho. A confiabilidade de Deus foi substituída pela responsabilidade humana diante de regras que nada têm a ver com o descanso que se baseia na bondade maravilhosa de Deus.

Então, na plenitude dos tempos, Jesus nasceu. E tudo mudou.

Jesus não se impressionava nem um pouco com o sábado dos fariseus — exigência que apenas lhes provocava desagradáveis ataques de mau humor.

[9] *Murder in the Cathedral,* parte 1.

Um coração flexível

Quando Jesus chegou entre nós, todas as coisas mudaram. Mas nem tudo permaneceu em seu novo estado. A palavra *fariseu* tornou-se sinônimo de *hipócrita* e — por incrível que pareça — a fé cristã passou por uma mutação e virou religião cristã, produzindo sua própria safra de fariseus, embora, por razões óbvias, eles nunca se chamem desse modo.

E o engraçado é que a história nos mostra que não são prostitutas, ladrões e pagãos que têm mais dificuldade de abandonar a confiança em si próprios; são os fariseus religiosos que acham que não têm nada para deixar de lado. Um pouco de bondade faz um estrago enorme, separando das ternas misericórdias de Deus as pessoas que se julgam justas. Sempre foi assim.

Um pouco de bondade faz um estrago enorme, separando das ternas misericórdias de Deus as pessoas que se julgam justas. Sempre foi assim.

Fariseus investem pesado em técnicas, métodos, rituais e posturas religiosas. "Faça deste jeito", dizem eles aos seus seguidores, criando discípulos supostamente santos, que gostam de julgar os outros, são meio autômatos, sem vida, temerosos e intolerantes com as outras pessoas, assim como eles (secretamente) também não se toleram. São pessoas violentas, o avesso da santidade e do amor. Jesus não morreu nas mãos de assaltantes, estupradores ou delinqüentes juvenis. Ele caiu nas mãos distintas de membros respeitáveis da sociedade e profundamente religiosos.

> Por aquele tempo, em dia de sábado, passou Jesus pelas searas. Ora, estando os seus discípulos com fome, entraram a colher espigas e a comer. Os fariseus, porém, vendo isso, disseram-lhe: Eis que os teus discípulos fazem o que não é lícito fazer em dia de sábado. Mas Jesus lhes disse: Não lestes o que fez Davi quando ele e seus companheiros tiveram fome? Como entrou na

> Casa de Deus, e comeram os pães da proposição, os quais não lhes era lícito comer, nem a ele nem aos que com ele estavam, mas exclusivamente aos sacerdotes? Ou não lestes na Lei que, aos sábados, os sacerdotes no templo violam o sábado e ficam sem culpa? Pois eu vos digo: aqui está quem é maior que o templo. Mas, se vós soubésseis o que significa: Misericórdia quero e não holocaustos, não teríeis condenado inocentes. Porque o Filho do Homem é senhor do sábado.[10]

As dificuldades não são pequenas aqui. Os fariseus insistem na importância que as normas da lei têm sobre outras coisas. A dignidade e as necessidades de seres humanos são irrelevantes. E aqui se encontra Jesus, insistindo em que a lei não é um fim em si mesmo, mas um meio. Obedecer a Deus é uma forma de expressar nosso amor por ele e pelo próximo; assim, qualquer ato que se põe no caminho do verdadeiro amor também está no caminho do Deus verdadeiro. "Prefiro um coração flexível a um ritual inflexível."

Os fariseus não gostaram dessas notícias.

> Tendo Jesus partido dali, entrou na sinagoga deles. Achava-se ali um homem que tinha uma das mãos ressequida; e eles, então, com o intuito de acusá-lo, perguntaram a Jesus: É lícito curar no sábado?Ao que lhes respondeu: Qual dentre vós será o homem que, tendo uma ovelha, e, num sábado, esta cair numa cova, não fará todo o esforço, tirando-a dali? Ora, quanto mais vale um homem que uma ovelha? Logo, é lícito, nos sábados, fazer o bem. Então, disse ao homem: Estende a mão. Estendeu-a, e ela ficou sã como a outra. Retirando-se, porém, os fariseus, conspiravam contra ele, sobre como lhe tirariam a vida.[11]

[10] Mateus 12:1-8.
[11] Mateus 12:9-14.

Pessoas desse tipo não gostam de ser desafiadas. Levam tudo para o campo pessoal, mas agem e falam como se estivessem defendendo a Deus. Jesus os deixa em situação bem desconfortável (como também deixa o hipócrita). Ele já havia falado que veio cumprir a Lei, não eliminá-la. Agora ele deixa claro que, naquilo que lhe concerne, as leis dos fariseus não eram de modo algum iguais às leis de Deus.

O espírito dos fariseus sobrevive hoje nos que se valem da religião para humilhar e controlar os outros, prendendo-os numa rede religiosa, enquanto observam as pessoas se debatendo com exigências impossíveis e com sentimentos esmagadores de culpa, sem lhes mostrar o caminho que leva ao Deus que oferece maná ao faminto e descanso ao que está cansado. A pessoa que recentemente pendurou uma placa com os dizeres *Homossexuais não são bem-vindos* na porta de uma igreja não é muito diferente daquele que afixou a placa que dizia *Proibida a entrada de negros e cães* na porta de uma loja na década de 1940. Ambos estão passando a mensagem de que são melhores que alguma outra pessoa pela qual Jesus também morreu. Essa discriminação não tem nada a ver com Jesus, que, a propósito, dá preferência a um coração flexível.

Abraços, não!

Eugene Kennedy afirma: "Qualquer pessoa que, ao longo da história, tenha posto a lei, os regulamentos ou a tradição acima da pessoa que sofre encontra-se nas mesmas searas (a exemplo dos fariseus), fazendo com prazer a mesma acusação contra o inocente".[12] Você tem idéia de quantas vidas já foram destruídas em nome da religiosidade tacanha e intolerante? Eu também não. Mas sabemos que a especialidade do fariseu, em qualquer que seja a época, é apontar o dedo, acusar, contaminar as pessoas com culpa. É a assinatura que ele deixa na vida das pessoas, sua reação certeira diante de qualquer um que não andar na linha.

[12] *The Choice to Be Human*, p. 128.

Certo dia, a caminho de um velório, passei com meu carro sobre uma ponte, respeitando o limite de velocidade daquele trecho. Quando vi que havia outra placa mais à frente que autorizava retomar a velocidade anterior, acelerei mais do que devia e fui inesperadamente flagrado por um policial. Ele era negro. Expliquei-lhe que estava com pressa, pois me dirigia a um velório. Ele me escutou com indiferença, verificou minha carteira de motorista e me impôs uma pesada multa por excesso de velocidade. Em minha mente, logo o acusei de racismo e de estar se vingando dos brancos, e joguei sobre ele a culpa pelo meu atraso na chegada à igreja.

Jogar a culpa sobre os outros é um mecanismo de defesa que substitui o auto-exame.

Opa! O que foi que aconteceu? Meu fariseu interior, que estava dormindo, acordou e foi avisando que estava bem vivo e em ótimas condições de saúde.

Jogar a culpa sobre os outros é um mecanismo de defesa que substitui o auto-exame. Deus me livre de ter de buscar crescimento pessoal aprendendo a reagir aos meus erros. *De jeito nenhum, avisa o hipócrita; a culpa é de outra pessoa, não sua.* Acabamos nos tornando como os criadores da série *Seinfeld,* que determinaram que não haveria abraços nem lições a ser aprendidas. Ponto final.

Um peso impossível

A atitude dos fariseus — daquela época e de hoje também — é que guardar a lei faz com que Deus nos deva alguma coisa. O fariseu não busca favores; ele só quer aquilo que é seu por direito. Jesus inverte isso. Primeiro, somos aceitos, cativados e amados por Deus, e é isso que motiva o discípulo a viver pela lei do amor. "Nós amamos porque ele nos amou primeiro."[13]

[13] 1João 4:19.

Imagine uma criança que nunca recebeu amor dos pais. Certo dia ela conhece uma menininha cujos pais a cobrem de amor e afeto. A primeira criança diz para si mesma: "Quero ser amada desse jeito também. Vou fazer o que for preciso para conquistar o amor do meu pai e da minha mãe". Então, para ganhar o carinho dos pais, ela passa a escovar os dentes, arrumar a cama, sorri, tem bons modos, nunca chora nem reclama de nada, nunca expressa uma necessidade sequer e aprende a esconder os sentimentos negativos.

É assim que fazem os fariseus. Eles seguem a lei com todo rigor para despertar o amor de Deus. Se for necessário, eles a reescrevem para dar destaque a coisas que não estavam mesmo pretendendo fazer: dançar, fumar, beber. Ou para destacar as coisas que eles gostam: o compromisso com programas da igreja é sinônimo de compromisso com Deus; votar em (*coloque aqui o nome do seu candidato)* é o que Jesus faria. A imagem que eles têm de Deus prende-os a uma teologia que incentiva as obras em troca da aprovação que vem do céu. Se Deus é um contador detalhista que gosta de encontrar erros de quem quer que seja, o fariseu deve buscar uma vida que minimize o risco de erro. Assim, no dia do juízo final, ele poderá apresentar a Deus uma folha de serviços perfeita, e Deus será obrigado a aceitá-la.

Que fardo impossível! O pesadelo de nos tornarmos apresentáveis a um Deus distante e perfeccionista é extenuante. Os legalistas não conseguem nunca viver à altura das expectativas que projetam sobre Deus, pois, como nos lembra Eugene Kennedy, "sempre haverá uma nova lei, e com ela uma nova interpretação, um novo fio de cabelo que precisará ser cortado ao meio com a mais perfeita navalha eclesiástica".[14] É assim que nascem novas igrejas, denominações e organizações cristãs: dois fariseus se encaram e resolvem que a cidade onde estão é pequena demais para eles dois.

[14] Op. cit., p. 211.

O fariseu dentro de nós é a face religiosa do hipócrita, que sempre se sente desconfortável no relacionamento com Deus. A compulsão por se sentir seguro com Deus alimenta um desejo neurótico de perfeição e um auto-exame moralista interminável que lhe torna impossível sentir-se aceito. O hipócrita vive numa nuvem de fracasso pessoal, baixa auto-estima, ansiedade, medo e depressão. Fora isso, o resto vai bem. Pergunte a ele.

O fariseu subjuga meu verdadeiro eu toda vez que escolho as aparências e não a realidade, sempre que sinto medo de Deus e sempre que entrego o controle de minha alma a uma lista de regras, em vez de correr o risco das incertezas de viver em união com Jesus, a quem não consigo enxergar nem ouvir.

O fariseu dentro de nós é a face religiosa do hipócrita, que sempre se sente desconfortável no relacionamento com Deus.

Não sejam como eu

"Se tenho um recado para meus contemporâneos", disse Thomas Merton, "com certeza é este: sejam o que quiserem ser, sejam loucos, bêbados [...] mas evitem a todo custo uma coisa: o sucesso".[15]

É claro que Merton se referia ao culto ao sucesso, o fascínio que o fariseu tem com a honra e o poder, a preocupação incessante que o hipócrita tem com a própria imagem. No entanto, quando a falsa modéstia retira o prazer de uma realização e despreza os cumprimentos e elogios feitos com sinceridade, acabo me orgulhando de minha humildade, alieno-me das pessoas, e o hipócrita mostra as garras outra vez!

A ação do meu fariseu residente nunca é mais flagrante do que quando associo altos padrões morais a racistas, homófobos e gente que faz discriminação, quando aprovo a condenação que o pregador faz de descrentes, liberais, adeptos da *New Age*

[15] Citado por James Finley, *Merton's Palace of Nowhere*, p. 54.

e tantas outras pessoas, quando bato palmas diante das críticas que o pastor autoconfiante dirige aos filmes de Hollywood, aos comerciais da televisão, à indústria da moda, etc. Sempre reconheço um alvo fácil quando olho para um.

E mesmo assim minha biblioteca está cheia de comentários bíblicos e livros de teologia. Vou regularmente à igreja e oro todos os dias. Tenho uma cruz em casa e um crucifixo na carteira. Minha vida é totalmente formada e permeada pela religião. Não como carne às sextas-feiras. Contribuo financeiramente com organizações cristãs. Sou um evangelista que se dedica a Deus e à igreja.

> Ai de vós, escribas e fariseus, hipócritas, porque dais o dízimo da hortelã, do endro e do cominho e tendes negligenciado os preceitos mais importantes da Lei: a justiça, a misericórdia e a fé; devíeis, porém, fazer estas coisas, sem omitir aquelas! Guias cegos, que coais o mosquito e engolis o camelo!
>
> Ai de vós, escribas e fariseus, hipócritas, porque limpais o exterior do copo e do prato, mas estes, por dentro, estão cheios de rapina e intemperança! Fariseu cego, limpa primeiro o interior do copo, para que também o seu exterior fique limpo! Ai de vós, escribas e fariseus, hipócritas, porque sois semelhantes aos sepulcros caiados, que, por fora, se mostram belos, mas interiormente estão cheios de ossos de mortos e de toda imundícia! Assim também vós exteriormente pareceis justos aos homens, mas, por dentro, estais cheios de hipocrisia e de iniqüidade.[16]

Poderia ser eu quem Jesus está descrevendo. Largado à própria sorte, este poderia ser eu.

Na história do fariseu e o coletor de impostos, o primeiro entra no templo e ora:

[16] Mateus 23:23-28.

Ó Deus, graças te dou porque não sou como os demais homens, roubadores, injustos e adúlteros, nem ainda como este publicano; jejuo duas vezes por semana e dou o dízimo de tudo quanto ganho.[17]

Sua oração deixa escancarados os dois defeitos do fariseu. Primeiro, ele está bem consciente de sua santidade pessoal. Ele ora para se comparar de modo favorável com outras pessoas, mas não para admitir alguma falha ou necessidade. Seu erro está em acreditar que ele não erra. Não há outra pessoa que ele admire tanto. Seu segundo defeito está ligado ao primeiro: o fariseu despreza os outros. Ele os julga e condena por acreditar ser melhor que eles. Confiante em sua justiça própria, condena injustamente os outros.

Na história contada por Jesus, o fariseu perdoa a si mesmo, mas é condenado por Deus. E o coletor de impostos condena a si mesmo, mas é perdoado por Deus. É uma história com uma moral. Um homem diz: "Meus filhos, sejam como eu". O outro sente-se tão humilhado por seus erros, que não tem coragem nem de olhar nos olhos. E num sussurro de lamento, diz: "Não sejam como eu". Mas o narrador da história dirige seu olhar de sabedoria para o coletor de impostos e profere as palavras: "Sejam como ele".

Certa vez eu estava numa reunião de oração, e um dos presentes, um homem de sessenta e poucos anos, disse: "Agradeço a Deus, porque hoje não há nada de que eu tenha de me arrepender". Sua esposa soltou um gemido. O que ele queria dizer com aquelas palavras era que, nas últimas horas, não havia roubado, blasfemado, adulterado ou infringido algum dos Dez Mandamentos. Ele havia se afastado de bebidas, irresponsabilidade sexual e idolatria grosseira, mas ainda não havia despertado para o que Paulo chama de liberdade interior dos filhos de Deus.

Não conseguiremos crescer muito enquanto desprezarmos a tensão que existe entre o fariseu que vive dentro da gente, que

[17] Lucas 18:11-12.

é mais santo que Deus se o critério for quem se agarra mais às regras, e o filho de Aba, cuja única esperança de santidade provém da misericórdia de Deus. Ambos estão presentes. Cabe a nós escolher qual dos dois vamos alimentar mais.

Você também está sentindo?

Estabelecendo um nítido contraste com a percepção que o fariseu tem de Deus e da religião, os escritores bíblicos olham para o evangelho como crianças que nunca vivenciaram nada, a não ser amor. A criança faz o melhor que pode porque é amada e, quando erra, não sente medo de que seus pais possam deixar de amá-la. Eles podem reprovar seu comportamento e certamente vão ajudá-la a aprender e a crescer para melhorar, mas o amor que eles têm por ela não depende do seu desempenho.

Se o fariseu é a face religiosa do hipócrita, o filho de Aba é a face religiosa do verdadeiro eu. Para o fariseu, a ênfase está sempre no esforço e na realização pessoal. O filho de Aba descansa e tem prazer no afeto inequívoco de Deus.

Teresa de Lisieux escreveu sobre sermos crianças diante do bom Deus. Estas são suas palavras:

> É reconhecer que nada somos, esperando do bom Deus todas as coisas, a exemplo de uma criança que espera tudo de seu pai; é não ficar ansiosos sobre coisa alguma, não tentar construir nosso destino [...] Ser criança é também não atribuir a si próprio virtude alguma, como se nos acreditássemos capazes de realizar alguma coisa, mas reconhecer que o bom Deus põe seu tesouro nas mãos de seus filhinhos, para que dele façam uso sempre que precisarem, mas o tesouro é sempre do bom Deus. Por fim, é nunca se desanimar com as próprias faltas, pois crianças sempre caem, mas são pequenas demais para causar muito dano a si mesmas.[18]

[18] Citado por Simon Tugwell, *The Beatitudes: Soundings in Christian Traditions*, p. 138.

Bons pais amam seus filhos pequenos antes que estes influenciem o mundo. Se recebe uma visita, a mãe que ama sua filhinha nunca a levanta nos braços e diz: "Esta é minha filha. Ele vai ser advogada". Assim, mais tarde na vida, as realizações seguras da criança não representarão seu esforço por ser aceita ou aprovada. Serão o fruto natural de ter sido amada.

O filho de Aba tem consciência de seus sentimentos e não tem vergonha de expressá-los; o fariseu procura retocar cada emoção com uma reação automática. A questão não é se sou introvertido ou extrovertido. É se eu decido expressar ou abafar minhas verdadeiras emoções. John Powell disse que, se tivesse de escrever a lápide para o túmulo de seus pais, seria obrigado a escrever com tristeza: *Aqui jazem duas pessoas que nunca se conheceram.* Abrir-se para a outra pessoa, parar de mentir e negar sua solidão e seu medo, ser sincero sobre o que você ama, dizer aos outros como eles são importantes para você — essa abertura é a vitória do filho de Aba sobre o fariseu.

O filho de Aba tem consciência de seus sentimentos e não tem vergonha de expressá-los.

Desprezar, reprimir ou descartar nossos sentimentos é deixar de ouvir os toques do Espírito em nossa vida emocional.[19] Jesus os ouvia. No evangelho de João, nós o vemos profundamente tomado pela emoção diante da morte de um amigo (veja 11:33). Em Mateus, vemos sua explosão de raiva: "Hipócritas! Bem profetizou Isaías a vosso respeito, dizendo: Este povo honra-me com os lábios, mas o seu coração está longe de mim" (15:7-8). Ele se emocionava muito com pessoas comuns: "Vendo ele as multidões, compadeceu-se delas, porque estavam aflitas e exaustas como ovelhas que não têm pastor" (Mt 9:36). Jesus expressa sofrimento e frustração em Lucas 19:41; irritação, em Marcos 14:6, frustração, em Mateus 17:17; grande sensibilida-

[19] Brennan MANNING, *A Stranger to Self-Hatred*, p. 97.

de, em Lucas 8:46; fúria, em João 2:16. E Lucas registra esse breve encontro:

> Em dia subseqüente, dirigia-se Jesus a uma cidade chamada Naim, e iam com ele os seus discípulos e numerosa multidão. Como se aproximasse da porta da cidade, eis que saía o enterro do filho único de uma viúva; e grande multidão da cidade ia com ela. Vendo-a, o Senhor se compadeceu dela e lhe disse: Não chores! Chegando-se, tocou o esquife e, parando os que o conduziam, disse: Jovem, eu te mando: levanta-te! Sentou-se o que estivera morto e passou a falar; e Jesus o restituiu a sua mãe.[20]

Você acha que o filho da viúva teria sido ressuscitado se Jesus tivesse reprimido seus sentimentos?

Temos passado tantas demãos de cal sobre o Jesus histórico, que temos dificuldade de enxergar o brilho da sua presença. Jesus é um homem com todas as características que um homem pode ter: verdadeiro, peremptório, emotivo, não-manipulador, sensível, compassivo — tão livre, que não se sentiu menos homem por ter chorado; tão seguro e confiante, que enfrentava qualquer pessoa na hora e no lugar em que fosse preciso. Debaixo de toda a nossa camuflagem, o retrato que o evangelho apresenta do filho amado de Aba é de um homem admiravelmente em contato com suas emoções e pronto a manifestá-las sem inibição.

Máscaras de horror espirituais

Você já ouviu uma mulher dizer "só um minutinho, que vou me maquiar"? O fariseu precisa usar sua máscara religiosa o tempo todo. O apetite que o fariseu tem por atenção e admiração o obriga a sempre apresentar uma imagem inspiradora e evitar o risco de erros e passos em falso. Dar asas às emoções é sinônimo de encrenca para os fariseus.

[20] Lucas 7:11-15.

É um problema. As emoções são nossa experiência mais direta de onde nos encontramos em dado momento. Os sentimentos podem ser confiáveis ou enganosos — já me senti apreensivo com pessoas que não pretendiam me fazer mal algum: o sentimento era real, mas não o risco. Os sentimentos apenas refletem o que vai dentro da gente. Não precisamos reagir diante de cada emoção — na verdade, não devemos — mas é importante reconhecer e considerar cada emoção. O que fazemos com nossas emoções determina se vivemos honesta ou falsamente. Quando em equilíbrio com uma inteligência formada pela fé, nossas emoções transformam-se em importantes dados que nos orientam em nossas escolhas. Negar, descartar e reprimir sentimentos nunca ajudou ninguém (com a possível exceção de uma pessoa em estado de profundo choque emocional, que se fecha involuntariamente em vez de entrar em colapso).

Em minha mente, o fariseu achou um jeito de camuflar minhas emoções, dilapidando meu verdadeiro eu por meio de uma manobra chamada "espiritualização". O ato de espiritualizar me protege de sentimentos indesejáveis — raiva, medo, culpa — saracoteando em generalizações religiosas que, na realidade, não têm nenhum sentido.

Certa vez eu quase disse a um fanático intolerante: "Se você não pegar leve, vou estrangulá-lo e pendurá-lo de enfeite em minha árvore de Natal". São sentimentos inconfessáveis para um homem religioso. Então, em vez de verbalizá-los, pensei comigo mesmo: "Deus me mandou esse irmão ignorante, e esse jeito agressivo dele deve com certeza ser de algum trauma de infância. Preciso amá-lo, apesar de tudo". (Quem pode me provar o contrário? Se esse tipo de gente intolerante odeia negros, e eu odeio gente intolerante, onde está a diferença?) Mas a grande verdade é que encobri meus sentimentos com bobagens espiritualóides. Divorciei-me do meu verdadeiro eu e reagi como um fantasma desencarnado (ou seja, como se eu não estivesse lá).

Fiz isso milhares de vezes. Quando um amigo me dizia: "Não gosto mais de você. Você nunca me ouve e sempre faz eu me sentir inferior", eu não ficava triste. Deixava aquilo de lado e ia logo concluindo: "É o jeito de Deus me testar". Quando me falta dinheiro e fico ansioso, lembro a mim mesmo: "Jesus disse: 'não andeis ansiosos com o amanhã', e essa dificuldade é só a maneira que ele emprega para me testar". Isso é espiritualizar. Não encaro o fato de que minha amizade foi rompida, e é meu dever verificar se podemos restabelecê-la. Nem o fato de que vivo num mundo onde às vezes falta trabalho e sobram despesas inesperadas, e cabe a mim entregar a Deus minha ansiedade, pois ele cuida de mim. Necessidade financeira e rompimento de amizade não têm nada a ver com o fato de Deus estar me testando — ele sabe quem eu sou — mas se trata do contrário. Com ou sem amigos, na escassez, na abundância e também na medida exata, devo dedicar minha vida a descobrir quem é Deus.

Se não sou honesto comigo mesmo, por que haveria de ser honesto com você?

Se não sou honesto comigo mesmo, por que haveria de ser honesto com você? Essa espiritualização é algo perigoso. Ela tem mil faces, e todas elas fazem criancinhas se esconder de medo.

Olhando para rótulos

Quando minha mulher era criança numa minúscula cidade chamada Columbia, em Louisiana (com 900 habitantes), ela brincava aos fins de semana junto com uma garotinha de nome Bertha Bee, filha de uma empregada doméstica negra chamada Ollie. Juntas, Bertha Bee e Roslyn brincavam de boneca, faziam bolos de barro perto do lago, comiam bolachas, dividiam sonhos. Houve um sábado em que Bertha Bee não apareceu. E nunca mais foi brincar com ela. Roslyn sabia que ela não estava doente, nem machucada, nem havia morrido, pois Ollie lhe teria contado.

Então, Roslyn, com nove anos de idade, perguntou ao pai por que Bertha Bee não vinha mais brincar. Ela nunca se esqueceu da resposta que ouviu: "De agora em diante, isso não fica bem".

A face de uma criança é a sua face autêntica, e seus olhos não ficam procurando rótulos: branco e negro, católico e protestante, asiático e latino, *gay* e hétero, liberal e conservador. Olhar para rótulos é um comportamento aprendido. Os rótulos criam impressões. Esta pessoa é rica, aquela recebe ajuda do governo. Esta mulher é inteligente, aquela outra é burra. Um homem é atraente, o outro é feio. Essas impressões formam imagens que se transformam em idéias que se fixam na mente e viram preconceitos. O preconceito nos encerra na prisão das aparências.

Anthony DeMello disse: "Se você é preconceituoso, olhará para aquela pessoa da perspectiva do seu preconceito. Em outras palavras, você deixa de olhar para ela como pessoa".[21] É assim que o fariseu olha para todo mundo, incluindo ele mesmo. Sua vida gira em torno dos rótulos. E isso o livra de ter que ouvir, se preocupar, sentir e agir pelo bem de outra pessoa.

Lute contra o poder

> Naquela hora, aproximaram-se de Jesus os discípulos, perguntando: Quem é, porventura, o maior no reino dos céus? E Jesus, chamando uma criança, colocou-a no meio deles. E disse: Em verdade vos digo que, se não vos converterdes e não vos tornardes como crianças, de modo algum entrareis no reino dos céus. Portanto, aquele que se humilhar como esta criança, esse é o maior no reino dos céus.[22]

Na competição pela superioridade sobre outras pessoas, os discípulos de Jesus foram levados pelo desejo de ser importantes —

[21] *Awareness: A Spirituality Conference in His Own Words*, p. 28.
[22] Mateus 18:1-4.

queriam ser alguém. De acordo com John Shea, "todas as vezes que essa ambição vinha à tona, Jesus pegava uma criança e a trazia para o meio deles ou falava sobre as crianças".[23] Ele não parecia se ocupar muito com a ambição.

Os jogos de poder dos fariseus destinam-se a dominar as pessoas e a aumentar o poder que eles têm por meio da manipulação, do controle e da agressão passiva. A vida passa a ser uma série de manobras calculadas. O fariseu desenvolve um radar social muito sensível para detectar e evitar pessoas e situações que possam ameaçar sua autoridade.

Esse espírito de superioridade impede a livre troca de idéias e introduz um espírito de competição estranho à criança autêntica. Anthony DeMello observa: "A primeira qualidade que chama a atenção quando se olha para os olhos de uma criança é sua inocência; sua adorável incapacidade para mentir ou usar máscaras ou para fingir ser algo que não seja real".[24]

Um fariseu competente pode dominar as pessoas e fazer com que elas gostem desse domínio durante algum tempo — isso é impressionante. Mas o fariseu destruidor que se agarra ao poder, faz discípulos, adquire conhecimento, ganha *status* e domina seu mundinho também fica com medo se um subordinado lhe rouba a cena; mostra-se cínico quando o *feedback* é negativo; paranóide, quando se sente ameaçado; agressivo, quando desafiado; e dramático, quando derrotado. Envolvido no jogo de poder, vive com indícios razoáveis de sucesso exterior, mas com um vazio detestável e sujeito à ansiedade interna.

O verdadeiro eu preserva a inocência infantil por meio de uma consciência deliberada de sua identidade central. Ele se recusa a ser contaminado por iguais cuja vida, afirma Anthony DeMello, "é gasta não em viver, mas em conquistar aplausos e admiração, não na autenticidade prazerosa do ser, mas na

[23] *Starlight*, p. 92.
[24] *The Way to Love*, p. 73.

comparação e na competição neurótica, correndo atrás de coisas vazias como sucesso e fama, mesmo que o preço para obtê-los seja a derrota, a humilhação e a destruição do próximo".[25] O verdadeiro eu precisa lutar com inocência contra o poder, para que não seja sufocado pelo engano vazio.

Na plenitude

Nesta época de enorme sofisticação, realizações e sensibilidade desgastada, a redescoberta da infância é um conceito envolvente. Dito isso, reconheço que não sei quem você é. Talvez você não precise redescobrir sua criança interior, pois ela não está perdida. Espero que isso seja verdade. Mas tenho minhas dúvidas. Ernest Hemingway tinha uma personagem que dizia: "O mundo sujeita todas as pessoas", e, claro, ele estava certo.[26] Mais cedo ou mais tarde — geralmente mais cedo — todos nós cometemos erros ou deixamos de fazer o que era certo, mesmo sabendo muito bem o que deveria ser feito. É nesse momento que nos identificamos com o restante do mundo, afundando num sentimento que não devia existir. A biografia do vocalista do *The Doors* expressa a mesma coisa de outro jeito; chama-se *Ninguém sai vivo daqui.*

Assim, uma hora ou outra, ainda que não seja hoje, você vai precisar reencontrar a criança que foi por alguns meses ou durante alguns anos e perceberá, como as demais pessoas, que não é possível fazer isso sem ajuda. William McNamara afirma que a inocência é uma condição que "pode ser vivida somente por crianças não mimadas, santos não canonizados, sábios não celebrados e palhaços desempregados".[27] Qual deles é você?

A menos que recuperemos a criança que se perdeu em nós, não teremos nenhum senso interior do eu, e aos poucos o hipócrita irá se tornando quem pensamos realmente ser. Psicólogos e

[25] Id., p. 76.
[26] *A Farewell to Arms*, p. 249.
[27] *Mystical Passion*, p. 57.

autores da espiritualidade dão muita importância à necessidade de conhecermos ao máximo a criança que está dentro de nós e acolhê-la como um elemento precioso que precisa ser amado. As qualidades positivas da criança — abertura, dependência confiante, capacidade de se divertir, simplicidade e sensibilidade para com os sentimentos — fazem com que possamos nos manter receptivos às novas idéias, aos compromissos que envolvem risco, às surpresas do Espírito e ao crescimento audacioso. A naturalidade da criança nos livra de introspecções melancólicas, da auto-análise interminável e da internalização nefasta do perfeccionismo espiritual.

Mas não podemos deixar de voltar à criança dentro de nós. Como observou Jeff Imbach: "Se dentro de nós não há nada mais que a criança, continuamos isolados e sozinhos. Não há intimidade interior definitiva, se estamos buscando apenas a nós mesmos".[28] Em nossa jornada espiritual, ao procurar a criança dentro de nós, descobrimos a inocência perdida, mas também descobrimos o que Jean Gill chama "a criança das sombras".[29] A criança das sombras não tem disciplina e pode ser perigosa, voltada para si mesma e cheia de vontades, maldosa e capaz de judiar de um cachorrinho ou de outra criança. Quando o profeta disse "... e um pequenino os guiará", não é isso que ele tinha em mente.

Boa parte do lado obscuro da minha infância foi marcada pelo medo. Eu tinha medo dos meus pais, da igreja, do escuro e de mim mesmo. Em seu livro *Saint Maybe,* Anne Tyler descreve assim Ian Bedloe:

> Parecia que apenas Ian sabia como aquelas crianças se sentiam: como viviam assustadas o tempo todo. Afinal, por que ser criança era tão assustador? Não eram essas coisas que os pesadelos dos

[28] *The Recovery of Love*, p. 103.
[29] *Unless You Become Like a Child*, p. 39.

adultos geralmente refletem — o pesadelo de correr sem chegar a lugar algum, o pesadelo de não ter estudado para a prova ou de não ter ensaiado sua participação na peça de teatro? Sentimento de incapacidade, de exclusão. Rumores na sua cabeça sobre coisas que todo mundo sabe, menos você.[30]

A redescoberta da criança dentro de nós não é um fim sem si mesmo, mas a porta de acesso às profundezas de nossa união com o Deus que se sente à vontade em nós.

A redescoberta da criança dentro de nós não é um fim sem si mesmo, mas a porta de acesso às profundezas de nossa união com o Deus que se sente à vontade em nós; é um mergulho na plenitude da experiência com Aba, na consciência viva de que a criança que está dentro de mim é o filho de Aba, que está seguro em seus braços, tanto na luz quanto nas sombras.

Deixo com Frederick Buechner a última palavra:

> Somos filhos, talvez, no exato momento em que nos damos conta de que Deus nos ama porque somos filhos — não porque mereçamos seu amor nem apesar de nossa falta de mérito; não porque tentemos nem porque reconheçamos a inutilidade de nossas tentativas, mas simplesmente porque ele decidiu que nos amaria. Somos filhos porque ele é nosso pai; e, bem-sucedido ou não, todo o nosso esforço por fazer o bem, por falar a verdade, por entender, é o esforço de filhos que, mesmo precoces, são ainda filhos, pois, antes que o amássemos, ele nos amou primeiro como filhos, por meio de Jesus Cristo nosso Senhor.[31]

[30] P. 124.
[31] *The Magnificent Defeat*, p. 135.

Capítulo seis

Ressurreição

Durante séculos, os cristãos de muitas partes do mundo comemoram a Páscoa com um cumprimento em que uma pessoa diz à outra: "Ele ressuscitou". E a outra responde: "Sim, ele ressuscitou!". Tenho um amigo que, certa vez, foi cumprimentado por um idoso que estava meio desligado. Meu amigo respondeu: "Ele ressuscitou!". E o senhor respondeu de volta: "Bem, obrigado, e você?".

Mesmo no domingo de Páscoa, as pessoas estão com outras coisas no pensamento. Nada de errado nisso. Elas precisam ir de um lugar para o outro, e há algumas coisas que não podem esperar e precisam ser feitas. Mas pense nisto por um momento: ele foi crucificado, morto e sepultado. E agora está vivo, ressuscitou. Será que há alguma coisa que não seja afetada por isso?

Há uma história sobre o escritor G. K. Chesterton, cuja conversão à fé cristã causou comoção na Inglaterra, numa época em que não se esperava que as pessoas mais inteligentes (e Chesterton era um gênio) cressem. Diz a história que ele estava parado numa esquina em Londres, quando se aproximou um repórter de um jornal e disse-lhe:

— Senhor, fiquei sabendo de sua recente conversão ao cristianismo. Posso fazer-lhe uma pergunta?

— Claro.

— Se o Cristo ressurreto aparecesse bem agora e ficasse em pé na sua frente, o que o senhor faria?

Chesterton olhou fixamente para o rapaz e respondeu:

— Ele está aqui.

• • •

Mesmo correndo o risco de falar o óbvio, gostaria de dizer que a ressurreição é uma questão muito séria. É *a* questão. Se ela for verídica, há uma interrupção na percepção convencional de espaço e tempo. Se não for verídica, caímos no famoso "cada um por si".

A ressurreição é uma questão muito séria.

O apóstolo Paulo estava se dirigindo a cristãos de uma cultura com valores parecidos com os nossos, quando escreveu:

> Antes de tudo, vos entreguei o que também recebi: que Cristo morreu pelos nossos pecados, segundo as Escrituras, e que foi sepultado e ressuscitou ao terceiro dia, segundo as Escrituras. E apareceu a Cefas e, depois, aos doze. Depois, foi visto por mais de quinhentos irmãos de uma só vez, dos quais a maioria sobrevive até agora; porém alguns já dormem. Depois, foi visto por Tiago, mais tarde, por todos os apóstolos e, afinal, depois de todos, foi visto também por mim...[1]

Se essa história é verídica (e estou apostando minha vida em sua veracidade), ela transforma todas as coisas. Se a história do cristianismo é verdadeira, a última palavra não é *morte;* é *ressurreição.* Se a história do cristianismo é real, o que Jesus faz em nosso favor *neste exato momento* é tão real e tão inédito quanto o

[1] 1Coríntios 15:3-8.

que *fez* por nós naquela época. Por isso, Paulo foi tão categórico ao escrever:

> Sim, deveras considero tudo como perda, por causa da sublimidade do conhecimento de Cristo Jesus, meu Senhor; por amor do qual perdi todas as coisas e as considero como refugo, para ganhar a Cristo e ser achado nele, não tendo justiça própria, que procede de lei, senão a que é mediante a fé em Cristo, a justiça que procede de Deus, baseada na fé; para o conhecer, e o poder da sua ressurreição, e a comunhão dos seus sofrimentos, conformando-me com ele na sua morte; para, de algum modo, alcançar a ressurreição dentre os mortos.[2]

"... para, de algum modo, alcançar a ressurreição dentre os mortos." Quem não iria querer isso?

"Você se sente bem por saber que viverá para sempre no coração dos seus fãs?", perguntou a revista *Rolling Stone* a Woody Allen. Ao que ele respondeu: "Eu gostaria mesmo de viver para sempre no meu apartamento".

C. S. Lewis fez certa vez o seguinte comentário: "Há somente três coisas que podemos fazer com a morte: desejá-la, temê-la ou ignorá-la".[3]

"Quem morre com uma grande quantidade de bens morre do mesmo jeito."

"... para, de algum modo, alcançar a ressurreição dentre os mortos", era o que Paulo queria. Eu também quero.

A morte morreu

Para mim, uma das exigências mais radicais da fé cristã é incorporar diariamente a ressurreição de Jesus Cristo. Sou cristão há mais de meio século. Já faz muito tempo que minha primeira

[2] Filipenses 3:8-11.

[3] *Letters to an American Lady*, p. 84.

experiência de serenidade e alegria foi logo diluída na rotina monótona da minha vida. Acrescentem-se a isso inúmeros rompantes de egomania acompanhados por autodesprezo e falta de moderação na bebida, e você verá que nem sempre fui o garoto-propaganda da conduta cristã. É por isso que me assusta a idéia de incorporar diariamente a ressurreição. Quando olho para o que já passei de desolação e abandono, para a morte de meu pai, para a sombra da solidão e do medo, para o fariseu intolerante que está em mim e para o hipócrita em desespero, fica complicado repetir todos os dias as palavras *Cristo ressuscitou* — repeti-las até mesmo para mim.

Cristo está vivo aqui e agora, e a morte morreu para sempre.

Claro, eu sei disso em meu intelecto, mas não é sempre que *creio* na ressurreição de modo amplo, geral e irrestrito. E isso representa um problema para alguém na minha posição. Se incorporo a ressurreição, estou dizendo que creio em seu poder como realidade presente no mundo e em mim mesmo, realidade que vence e erradica a morte onde quer que ela seja encontrada, pois, conforme nos diz Frederick Buechner, a morte não é a última palavra, é só a penúltima.

Por que para mim é tão difícil acreditar nisso de todo coração? Eu não sei direito. Estou empenhado em melhorar. Enquanto isso, apego-me ao que penso ser a verdade: Cristo está vivo aqui e agora, e a morte morreu para sempre.

Relembrando

É uma questão de tempo verbal — ou seja, uma questão dos tempos pretérito e presente. Não é só uma questão de perguntar se Jesus *ressuscitou* dos mortos, mas se ele está ressurreto neste exato momento. Isso faz toda a diferença.

O teólogo H. A. Williams afirma que a ressurreição deve ser vivenciada não apenas como um fato histórico do passado. Se não for assim, "ela perde seu impacto sobre o presente [...] Torna-se algo remoto e isolado. E é por isso que ela não significa nada para a maioria das pessoas".[4] Ele está dizendo que RESSUSCITOU não é o mesmo que ESTÁ RESSURRETO. RESSUSCITOU é algo interessante num vago sentido histórico, mas ESTÁ RESSURRETO é fascinante, pois tem sentido *neste exato momento.* Jesus está vivo e sentado ao lado direito de Deus Pai *neste exato momento.* "Por isso, também pode salvar totalmente os que por ele se chegam a Deus, vivendo sempre para interceder por eles."[5] *Fascinante.* Há uma diferença entre tempo pretérito e tempo presente.

Há diferença também entre tempo presente e tempo futuro. Se não tomarmos cuidado, nossa esperança de que a ressurreição de Cristo um dia nos levará à nossa ressurreição pode ser uma ameaça, tirando do presente o Jesus ressurreto ao desvinculá-lo dos fatos do dia-a-dia. Precisamos da ressurreição no futuro? Sim, não resta a menor dúvida. Isso nem se discute. Mas o que me interessa é se a ressurreição tem valor para hoje. A única coisa que temos é o hoje. É hoje que podemos fazer alguma diferença onde estamos. É hoje que podemos nos relacionar com Deus. É hoje que podemos servir às pessoas. O único dia em que podemos viver é hoje. Há alguns estabelecimentos comerciais em que se encontram avisos em placas que dizem, por exemplo: "Fiado, só amanhã". Tente ir a uma dessas lojas e comprar fiado. O dono vai sorrir, balançar a cabeça e dizer: "Sinto muito, mas é só *amanhã".*

A boa notícia é que a ressurreição é para hoje.

Nos meus melhores dias, lembro-me da ressurreição, e ela me transforma. Encontro na ressurreição o sentido para experiências aparentemente desconexas e inúteis. Quase sofro um acidente na estrada e descubro que não tenho medo de morrer, porque me lembro da ressurreição. Não há tempo hábil para todo mundo fazer uso da palavra, e temo que as pessoas possam achar que

[4] *True Resurrection*, p. 5.
[5] Hebreus 7:25.

eu não tenho nada para dizer, mas decido dar minha vez para outro, porque me lembro da ressurreição. A ressurreição nos ajuda a compreender que nossa vida está completa. Ela revela seu principal propósito.

Foi o Cristo ressurreto quem disse:

> Toda a autoridade me foi dada no céu e na terra. Ide, portanto, fazei discípulos de todas as nações, batizando-os em nome do Pai, e do Filho, e do Espírito Santo; ensinando-os a guardar todas as coisas que vos tenho ordenado. E eis que estou convosco todos os dias até à consumação do século.[6]

Lembrar-nos da ressurreição ajuda-nos a olhar para além de nós mesmos e ficar alertas para a presença de Cristo, sutil mas importante, dia após dia.

Parabéns, mãe

William Barry escreveu: "Precisamos aprender a prestar atenção à nossa experiência de vida, para diferenciar o toque de Deus, que Peter Berger chama de rumor de anjos, de todas as outras influências".[7]

Frederick Buechner relata duas experiências que podem ser o barulho de asas — ou podem não ser o som de lugar algum. Ele deixa que o leitor decida.

> Uma delas aconteceu quando eu me encontrava num bar de aeroporto numa hora de pouco movimento. Fui para lá porque detesto voar, e uma bebida ajuda a relaxar antes de entrar no avião. Não havia mais ninguém naquele lugar, apenas uma fileira de banquetas ao longo de um balcão comprido. Sentei-me numa das banquetas, que, como todas as outras, tinha à sua

[6] Mateus 28:18-20.

[7] *God's Passionate Desire and Our Response*, p. 109.

frente um cardápio com a bebida sugerida para o dia. Mas havia um objeto em cima do cardápio — e logo percebi que era um prendedor de gravatas com as iniciais C.F.B. — e estas são as minhas iniciais. Fiquei pasmo. Se fosse só um B, diria que era uma coincidência interessante. Se fosse F.B., seria admirável, mas C.F.B., na seqüência certa — tive de admitir que as chances de isso acontecer eram mínimas. O que aquilo significou para mim, o que eu decidi que significava, foi isto: você está no lugar certo, na missão certa, no caminho certo. Tão absurdo, tão insignificante, mas é muito fácil falar isso.

A outra experiência foi um sonho em que vi um amigo que morreu faz pouco tempo. Não parecia um sonho, e ele estava em pé numa sala, e eu disse: "É bom encontrar você. Tenho sentido sua falta". E ele respondeu: "Sim, eu sei disso". Então perguntei: "Você está mesmo aí?" Ao que ele respondeu: "Claro, e posso provar". Então me jogou um pedacinho de barbante azul, que eu peguei. Parecia tudo tão real, que acordei. Na manhã seguinte, durante o café, contei o sonho à minha mulher e à viúva da pessoa que me apareceu no sonho. Então, minha mulher exclamou: "Meu Deus, eu vi isso hoje de manhã sobre o tapete. E tenho certeza de que não estava lá ontem de noite". Então corri para ver, e ali estava o pedacinho de barbante azul. Muito bem, de novo isso pode não ser nada — só uma coincidência — mas também pode ser uma pequena confirmação do fato de que, talvez, quando falamos em ressurreição do corpo, isso tenha algum sentido![8]

Talvez isso tenha algum sentido. Certa vez, numa noite de sábado, cheguei tarde em casa e encontrei um recado muito triste na secretária eletrônica. "Frances Brennan está para morrer e quer vê-lo".

[8] "A Conversation with Frederick Buechner", *Image: A Journal of the Arts and Religion,* primavera de 1989, p. 56-57.

No dia seguinte, peguei um avião para Chicago, depois um táxi para San Pierre, Indiana. E cheguei ao local, uma clínica de repouso administrada por freiras. Eram cerca de nove horas da noite. Dirigi-me ao quarto andar e perguntei à enfermeira da noite se a sra. Brennan ainda estava lá. "Sim", ela respondeu, "quarto 422, no fim do corredor".

Aquela senhora, frágil e com 91 anos de idade, estava ali deitada em seu leito. Durante quarenta anos ela havia sido minha segunda mãe. Foi seu sobrenome que adotei como meu primeiro nome em 1960. Sentada ao seu lado estava uma freira, orando de forma serena.

"Ela está esperando pelo senhor", disse a irmã.

Curvei-me sobre a cama, beijei sua testa e disse: "Mãe, eu te amo". Fraca, pesando menos de 40 quilos, ela levantou a mão direita e apontou para seus lábios. Depois de um pequeno momento de dúvida, entendi o que ela queria: trocamos três beijos, e ela sorriu. Faleceu poucas horas depois.

Assim que amanheceu, voltei para Chicago para tomar as providências para o sepultamento. Chegando ao hotel, peguei a chave do meu quarto e depois o elevador até o quarto andar. Meio desligado, caminhei pelo corredor do andar, olhei para a chave e a introduzi na fechadura. Quarto 422.

Eu não sei. Estava exausto e emocionalmente abalado. Por isso pode ter sido uma reação exagerada, mas eu me lembro do seguinte: pus minha mala no chão e, boquiaberto, soltei o corpo numa poltrona macia. Havia 161 quartos naquele hotel, e eu havia pegado justamente o 422. Como um alerta para minha alma, dentro de mim ecoaram estas palavras: "Por que buscais entre os mortos ao que vive?". Do lado de fora, as nuvens se abriram, e o sol invadiu o quarto pela janela. Minha fisionomia foi tomada por um sorriso aberto. "Mãe, você está viva! Parabéns, você já está em casa!"

Ao ler as crônicas celtas, fiquei impressionado pela clareza de visão que a igreja medieval irlandesa tinha a respeito da fé. Se um jovem monge visse um gato caçar um salmão que estivesse nadando em águas rasas, ele exclamava: "O poder do Senhor está na pata do gato". As crônicas falam dos monges itinerantes que navegavam pelo Atlântico e viam os anjos de Deus e ouviam a música que vinha deles, elevando-se e mergulhando nas águas das ilhas do oeste. Para uma pessoa comum, tudo aquilo não passava de gaivotas, alcatrazes, papagaios-do-mar e biguás.

> Os monges, porém, viviam num mundo em que para eles tudo era uma palavra de Deus, no qual o amor divino era manifesto a qualquer um com a menor capacidade criativa.[9]

Penso que, se o Pai de Jesus monitora cada pardal que cai do céu e cada fio de cabelo que cai de nossa cabeça, talvez não seja exagero achar que seu Filho ressurreto se vale de chaves de quartos, prendedores de gravatas e pedaços de barbante.

Altamente explosivo

Cinqüenta dias depois da ressurreição, na festa de Pentecostes em Jerusalém, aconteceu algo impressionante. Naquele dia, os primeiros seguidores de Jesus proclamaram ao mundo a ressurreição sem poupar energia nem esforço. E fizeram isso de um jeito que não podia ter sido planejado. Fazendo um retrospecto, não é difícil perceber quem estava por trás daquilo. Iniciando no capítulo sete, o evangelho de João revela o fio da meada que conduz ao Pentecostes:

> No último dia, o grande dia da festa, levantou-se Jesus e exclamou: Se alguém tem sede, venha a mim e beba. Quem crer em mim, como diz a Escritura, do seu interior fluirão rios de água viva. Isto ele disse com respeito ao Espírito que haviam de receber os que nele cressem; pois o Espírito até

[9] Brennan Manning, *O evangelho maltrapilho*, p. 91.

aquele momento não fora dado, porque Jesus não havia sido ainda glorificado.[10]

João retoma o assunto no capítulo catorze:

> Se me amais, guardareis os meus mandamentos. E eu rogarei ao Pai, e ele vos dará outro Consolador, a fim de que esteja para sempre convosco, o Espírito da verdade, que o mundo não pode receber, porque não no vê, nem o conhece; vós o conheceis, porque ele habita convosco e estará em vós.[11]
>
> Isto vos tenho dito, estando ainda convosco; mas o Consolador, o Espírito Santo, a quem o Pai enviará em meu nome, esse vos ensinará todas as coisas e vos fará lembrar de tudo o que vos tenho dito.[12]

Se me amais, guardareis os meus mandamentos.

E há mais no capítulo quinze:

> Quando, porém, vier o Consolador, que eu vos enviarei da parte do Pai, o Espírito da verdade, que dele procede, esse dará testemunho de mim; e vós também testemunhareis, porque estais comigo desde o princípio.[13]

E ainda no dezesseis:

> Mas eu vos digo a verdade: convém-vos que eu vá, porque, se eu não for, o Consolador não virá para vós outros; se, porém, eu for, eu vo-lo enviarei.
>
> Quando ele vier, convencerá o mundo do pecado, da justiça e do juízo: do pecado, porque não crêem em mim; da justiça,

[10] João 7:37-39.
[11] João 14:15-17.
[12] João 14:25-26.
[13] João 15:26-27.

> porque vou para o Pai, e não me vereis mais; do juízo, porque o príncipe deste mundo já está julgado.
>
> Tenho ainda muito que vos dizer, mas vós não o podeis suportar agora; quando vier, porém, o Espírito da verdade, ele vos guiará a toda a verdade; porque não falará por si mesmo, mas dirá tudo o que tiver ouvido e vos anunciará as coisas que hão de vir. Ele me glorificará, porque há de receber do que é meu e vo-lo há de anunciar. Tudo quanto o Pai tem é meu; por isso é que vos disse que há de receber do que é meu e vo-lo há de anunciar.[14]

O primeiro capítulo de Atos retoma o fio da meada depois da ressurreição:

> E, comendo com eles, determinou-lhes que não se ausentassem de Jerusalém, mas que esperassem a promessa do Pai, a qual, disse ele, de mim ouvistes. Porque João, na verdade, batizou com água, mas vós sereis batizados com o Espírito Santo, não muito depois destes dias.
>
> Então, os que estavam reunidos lhe perguntaram: Senhor, será este o tempo em que restaures o reino a Israel? Respondeu-lhes: Não vos compete conhecer tempos ou épocas que o Pai reservou pela sua exclusiva autoridade; mas recebereis poder, ao descer sobre vós o Espírito Santo, e sereis minhas testemunhas tanto em Jerusalém como em toda a Judéia e Samaria e até aos confins da terra.
>
> Ditas estas palavras, foi Jesus elevado às alturas, à vista deles, e uma nuvem o encobriu dos seus olhos. E, estando eles com os olhos fitos no céu, enquanto Jesus subia...[15]

Agora, dez dias depois, chegamos à festa de Pentecostes relatada no capítulo dois de Atos. Fiéis de todo o mundo estavam

[14] João 16:7-15.
[15] Atos 1:4-8.

reunidos para celebrar a revelação da Lei de Deus a Moisés. Em Jerusalém também se encontravam cento e vinte discípulos de Jesus, esperando e orando, conforme a instrução que haviam recebido:

> Ao cumprir-se o dia de Pentecostes, estavam todos reunidos no mesmo lugar; de repente, veio do céu um som, como de um vento impetuoso, e encheu toda a casa onde estavam assentados. E apareceram, distribuídas entre eles, línguas, como de fogo, e pousou uma sobre cada um deles. Todos ficaram cheios do Espírito Santo e passaram a falar em outras línguas, segundo o Espírito lhes concedia que falassem. Ora, estavam habitando em Jerusalém judeus, homens piedosos, vindos de todas as nações debaixo do céu. Quando, pois, se fez ouvir aquela voz, afluiu a multidão, que se possuiu de perplexidade, porquanto cada um os ouvia falar na sua própria língua. Estavam, pois, atônitos e se admiravam, dizendo: Vede! Não são, porventura, galileus todos esses que aí estão falando? E como os ouvimos falar, cada um em nossa própria língua materna? Somos partos, medos, elamitas e os naturais da Mesopotâmia, Judéia, Capadócia, Ponto e Ásia, da Frígia, da Panfília, do Egito e das regiões da Líbia, nas imediações de Cirene, e romanos que aqui residem, tanto judeus como prosélitos, cretenses e arábios. Como os ouvimos falar em nossas próprias línguas as grandezas de Deus?[16]

Foi assim que o evangelho de Jesus começou — com o Espírito atuando por meio de pessoas comuns para disseminar a história da ressurreição, de modo que todos pudessem compreendê-la — do jeito que Jesus avisou que iria acontecer. A história explodiu em Jerusalém, fazendo só naquele dia três mil convertidos. Depois explodiu para fora de Jerusalém e através do

[16] Atos 2:1-11.

Mediterrâneo até Roma e lugares mais distantes ainda. E hoje a história da ressurreição ainda é explosiva, onde quer que ela se misture com a fé e com o toque do Espírito de Deus.

Uma santa mão

Lembrar-me de que a ressurreição é para o tempo presente significa que há alguém que está à frente, por trás e ao lado de todas as coisas. Lembrar-me disso não aumenta o poder da ressurreição de Cristo, nem fica ela destituída de algo se eu me esquecer dessa realidade. Lembrar não causa efeito algum sobre Deus, mas causa sobre mim. Ajuda-me a confiar no poder que ressuscitou Jesus dos mortos, não importa o que o hipócrita possa dizer, nem o que o fariseu faça para me atormentar, qualquer que seja a distância que a sombra da morte possa parecer estar de mim. Cristo ressuscitou. O Espírito de Deus está livre pelo mundo. Isso transforma todas as coisas.

> *O Espírito de Deus está livre pelo mundo. Isso transforma todas as coisas.*

Certo dia de manhã, enquanto escrevia um livro, um peso de melancolia veio sobre mim sem que houvesse uma razão aparente. Parei de escrever e sentei-me para ler os capítulos que já estavam prontos, mas fiquei tão desanimado, que pensei em desistir do livro. Saí de casa para resolver alguma coisa no departamento de trânsito da cidade, mas o local estava fechado. Decidi que eu precisava de atividade física. Depois de correr cerca de três quilômetros às margens do rio Mississipi, caiu uma tempestade tão forte e com tanto vento, que quase fui jogado dentro do rio. Sentei-me sobre um gramado espesso, com uma vaga percepção de estar apegado à mão traspassada pelos cravos. Voltei para o escritório com frio e encharcado e recebi um telefonema que me deixou em conflito. Meus sentimentos se insurgiram — frustração, raiva, ressentimento, medo, autopicdade, depressão. Eu repetia para mim mesmo: "Eu não sou meus sentimentos". Nenhum alívio. Então, dizia: "Isso também vai passar". Mas não passava.

Às seis horas da tarde, emocionalmente esgotado e fisicamente abatido, joguei-me numa poltrona macia. E comecei de forma consciente a buscar o Espírito que concede vida, orando com as seguintes palavras: "Senhor Jesus Cristo, tem piedade de mim, pecador". Aos poucos fui percebendo que estava despertando para sua presença. A solidão permanecia, mas começava a enfraquecer. A tristeza estava lá, mas foi suavizando. A raiva e a mágoa desapareceram.

Um dia difícil? Com certeza. Agitado e maluco? Claro que sim. Impossível sobreviver? Do jeito que acabou, não.

Como o Espírito do Senhor ressurreto manifesta-se em dias como esse? Fortalecendo nossa disposição de permanecer firmes e nossa recusa de apelar para um comportamento de autodestruição. O poder da ressurreição nos dá condições de enfrentar emoções descontroladas, de suportar o sofrimento, recebendo-o e dando-lhe lugar na vida, por mais severo que possa se mostrar. E é fazendo isso que descobrimos que não estamos sozinhos, que podemos permanecer firmes em nossa consciência da ressurreição do tempo presente, tornando-nos discípulos mais completos, profundos e frutíferos. Não apenas *conservamos* os marcos do que pensamos ser, mas os *expandimos.* Passamos a nos conhecer mais do que pensávamos ser possível.

Paulo disse:

> ... o mistério que estivera oculto dos séculos e das gerações; agora, todavia, se manifestou aos seus santos; aos quais Deus quis dar a conhecer qual seja a riqueza da glória deste mistério entre os gentios, isto é, Cristo em vós, a esperança da glória.[17]

Nosso verdadeiro eu sabe que, se evitarmos as grandes provações, as grandes realizações não serão concretizadas,

[17] Colossenses 1:26-27.

eliminando-se assim a possibilidade de crescimento notório. Pessimismo e derrotismo jamais foram fruto do Espírito que concede vida, mas apenas revelam que nos esquecemos de que Jesus está vivo neste exato momento.

Basta um único telefonema, e toda a tranqüilidade da nossa vida pode ser abruptamente modificada. "Sua mãe sofreu um acidente e está em estado crítico." "Não gosto de ser portador de más notícias, mas acabei de ver seu irmão num camburão da polícia — o que se comenta é que ele anda vendendo Ecstasy."

Quando a tragédia chega à nossa vida e não conseguimos ouvir mais nada, a não ser o grito da nossa agonia, quando a coragem some pelo ralo, e o mundo parece apenas hostil, não há palavra proferida por homens, por mais sincera que seja, que traga conforto ou consolo. Nossa mente fica vazia, o coração também, e os nervos ficam à flor da pele. O que fazer quando o Deus da nossa jornada solitária se cala?

O que fazer quando o Deus da nossa jornada solitária se cala?

Assim mesmo, no meio das situações mais desesperadoras, sem que haja nenhuma explicação lógica, sentimos uma santa mão segurando a nossa. Etty Hillesun, judia holandesa que morreu em Auschwitz em novembro de 1943, escreveu que podemos "preservar um pouquinho de Deus em nós",[18] e não entrar em desespero. As trevas podem durar uma noite, mas a luz vem pela manhã. A tragédia altera radicalmente a direção da nossa vida, mas, quando nos sentimos vulneráveis e indefesos é que experimentamos o poder de Jesus na sua ressurreição para o tempo presente.

[18] Barry, p. 87. Num capítulo intitulado "Misticismo no inferno", Barry relata a incrível história de uma judia holandesa que registrou em seu diário a convicção de que Deus não estava ausente no campo de concentração.

Ganhamos autenticidade

Em *Saint Maybe,* livro de Anne Tyler, a mãe de Ian Bedloe é uma pessoa um pouco perfeita demais e vive num mundo um pouco descomplicado demais. Sempre com um sorriso plástico no rosto, ela corre para todo lado fazendo mil coisas ao mesmo tempo. Mas depois da morte inesperada do filho mais velho, ela passa por um momento de profunda reflexão. No carro, voltando para casa com o marido, depois de uma manhã na Igreja da Segunda Chance, ela diz:

> — Nossa vida se tornou tão improvisada, tão de quinta categoria, tão substituível, e perdemos tudo. Não é impressionante que continuemos a viver? Continuemos a fazer compras, a sentir fome, a rir das piadas na televisão, apesar da morte de nosso filho mais velho? Ele foi embora; nunca mais o veremos, e nossa vida está arruinada!
>
> E ele diz:
>
> — Ora, querida...
>
> E ela continua:
>
> — Tivemos problemas tão graves, e não sei como se tornaram simples. É isso que é tão difícil de entender. Não somos mais uma família especial.
>
> E ele diz:
>
> — Por que, meu amor? É claro que somos especiais.
>
> — Viramos pessoas indecisas e agora vivemos preocupados.
>
> — Bee, minha querida.
>
> — É impressionante, não é?[19]

Diante disso, Bee se recompõe e retoma sua existência marcada por doçura e serenidade. Sem abraços. Sem lições por aprender.

Muitas pessoas têm o hábito profundamente arraigado de tratar a vida como se ela fosse uma série de episódios desconexos.

[19] P. 199-200.

Falta-lhes *reconhecer o padrão* — a capacidade de encontrar vínculos apropriados entre coisas que têm uma relação sutil. Assim, a vida fica parecida com mágica para nós. Não vemos como uma decisão leva a outra, como os relacionamentos estão amarrados uns aos outros e como se soltam. A vida parece-nos desconexa, a exemplo de um telejornal que traz notícias sobre variados assuntos: a queda na bolsa de valores, as enchentes em algum lugar do país, um plano terrorista desbaratado em Nova York, novas formas de eliminar o risco de câncer, o casamento de uma celebridade, o placar da partida de futebol e dois intervalos para comerciais. A enxurrada de informações, fatos, emoções e experiências é de atordoar. Andamos aos tropeções, aguardando o que vem em seguida. Outono, inverno, primavera, verão, casamento, doença, guerra, nascimento, divórcio, mudanças, decadência, atos aleatórios, e a maioria deles nem sequer tem alguma coisa a ver conosco.

Sem uma consciência da ressurreição de Jesus para o tempo presente, a vida não tem sentido duradouro.

Com a idade as coisas não melhoram.

Sem uma consciência da ressurreição de Jesus para o tempo presente, a vida não tem sentido duradouro. É existência sem lógica, trajetória sem destino, relacionamentos descabidos, preferências sem significado.

A ressurreição é que agrega tudo isso. Ela nos dá condições de dizer *sim* para algumas coisas e *não* para outras. A lembrança de que Jesus está sentado à direita de Deus Pai, olhando por nós, faz com que superemos a covardia, desperta em nós a coragem, incendeia a esperança. A ressurreição reforça a promessa de que Deus está reformatando nossa vida, e o padrão é a imagem de Cristo. Se Deus consegue ressuscitar seu Filho dentre os mortos, será que ele não consegue dar uma nova vida ao meu corpo combalido? Será que ele não pode usar todas as coisas, quaisquer coisas, boas e ruins, para cumprir seu propósito em mim?

Nada é irrelevante. Num de seus filmes, Keifer Sutherland diz: "Tudo, tudo importa".

Tudo o que *é* ganha vida na ressurreição de Cristo — que, conforme observou Chesterton, realmente está na nossa retaguarda. Todas as coisas — grandes e pequenas, distantes e próximas — têm seu lugar, significado e valor. Em nossa união com Jesus (como disse Agostinho, a intimidade que ele tem conosco é maior que a intimidade que temos com nós mesmos), nada falta, nada se descarta. Não há momentos destituídos de significado eterno — não existem ações inócuas, expressões de amor desperdiçadas ou orações que não sejam ouvidas. Paulo escreve:

> Também o Espírito, semelhantemente, nos assiste em nossa fraqueza; porque não sabemos orar como convém, mas o mesmo Espírito intercede por nós sobremaneira, com gemidos inexprimíveis. E aquele que sonda os corações sabe qual é a mente do Espírito, porque segundo a vontade de Deus é que ele intercede pelos santos. Sabemos que todas as coisas cooperam para o bem daqueles que amam a Deus, daqueles que são chamados segundo o seu propósito.[20]

As frustrações das circunstâncias difíceis, de mal-entendidos, de doenças, até nossos pecados, não impedem o cumprimento do propósito último de nossa vida. Deus usa todas as coisas.

A consciência intencional da ressurreição para o tempo presente ajuda-nos a ficar menos preocupados com a aparência, menos propensos a mudá-la sempre que passamos de uma situação para outra. Deixamos de ser uma pessoa em casa, outra com os amigos; uma pessoa na igreja, outra no trânsito. Não ficamos à deriva na correnteza das experiências que parecem simplesmente surgir, buscando em nossa ociosidade distrações para passar o tempo, praticamente sem nenhum registro de emoções, desviando-nos

[20] Romanos 8:26-28.

das ofensas genuínas, em vez de lidar com elas face a face. Aos poucos vamos nos tornando indivíduos maduros cujas capacidades e energias se integram. Abandonamos o sentimento de que nossa vida não é da nossa conta. Ganhamos autenticidade.

Louco amor

Era a última noite que Jesus passava junto com seus seguidores. Então ele disse:

> Não se turbe o vosso coração; credes em Deus, crede também em mim. Na casa de meu Pai há muitas moradas. Se assim não fora, eu vo-lo teria dito. Pois vou preparar-vos lugar. E, quando eu for e vos preparar lugar, voltarei e vos receberei para mim mesmo, para que, onde eu estou, estejais vós também. E vós sabeis o caminho para onde eu vou.
>
> Disse-lhe Tomé: Senhor, não sabemos para onde vais; como saber o caminho?
>
> Respondeu-lhe Jesus: Eu sou o caminho, e a verdade, e a vida; ninguém vem ao Pai senão por mim. Se vós me tivésseis conhecido, conheceríeis também a meu Pai. Desde agora o conheceis e o tendes visto.
>
> Replicou-lhe Filipe: Senhor, mostra-nos o Pai, e isso nos basta.
>
> Disse-lhe Jesus: Filipe, há tanto tempo estou convosco, e não me tens conhecido? Quem me vê a mim vê o Pai.[21]

Essa afirmação era de abalar os alicerces. Sem dúvida, estabelece padrões bem mais elevados. Se for falsa, significa que teremos de olhar para Jesus de modo bem diferente. Afinal de contas, um homem comum que diz algo assim não pode ser considerado comum; ele é doido. E pensa que é Deus. Ou é um manipulador maldoso, enganando as pessoas de forma ultrajante. Qualquer que seja o caso, não se trata de uma pessoa razoável.

[21] João 14:1-9.

E se tudo isso for verdade? Se for verdade que ver Jesus significa ver a Deus? Então teremos de olhar para Deus de modo diferente. Se Jesus não apenas *representa* a Deus, mas, em vez disso, como afirma Karl Rahner, "é a face humana de Deus", então a maioria das pessoas estava enganada sobre Deus a maior parte do tempo. Nossas especulações sobre que tipo de força ou ser está por trás do universo são mais que inúteis, se houver um Criador que se dá a conhecer pela semelhança com Jesus de Nazaré.

C. S. Lewis afirmou: "O fato é que, geralmente, a realidade é alguma coisa que você não poderia ter imaginado. Esta é uma das razões por que creio no cristianismo. É uma religião que não se poderia ter imaginado".[22] Aposto que a parte da história que não poderíamos ter imaginado é a ressurreição, pois ela redefine Jesus, que de exemplo moral passa a ser o Filho de Deus, e essas notícias são chocantes, já que põem abaixo a ordem mundial.

O fato é que, geralmente, a realidade é alguma coisa que você não poderia ter imaginado.

O principal milagre do evangelho não está na transformação de água em vinho, nem em Jesus andando sobre as águas, nem em todos os sinais e maravilhas reunidos. O milagre do evangelho é Cristo, ressurreto e glorificado, sentado à direita de Deus e vivendo em nós por meio do Espírito que concede vida. Deus, nosso Criador, "louco e embriagado de amor", usando as palavras de Catarina de Siena, vive em nós, e nós nele, na ressurreição de tempo presente de Jesus.[23]

Um copo de água fria

A ressurreição de tempo presente leva-nos a servir Jesus quando servimos os mais humildes de seus irmãos e irmãs. "Vendo

[22] *Mere Christianity*, p. 47. Atualmente a editora Martins Fontes publica uma edição brasileira chamada *Cristianismo puro e simples.*

[23] Barry, p. 115.

ele as multidões, compadeceu-se delas, porque estavam aflitas e exaustas como ovelhas que não têm pastor."[24] Que linda visão da ternura que ia na alma de Jesus — comovido, não condenando aquelas pessoas que vagavam sem objetivo. Se isso revela as intenções do Criador, quero olhar bem dentro de seus olhos para encontrar o amor que preciso, agora e sempre.

Sempre que os evangelhos relatam que Jesus estava profundamente emocionado, eles mostram que a emoção o levava à ação — curando física ou emocionalmente, libertando ou exorcizando, dando de comer às multidões famintas ou intercedendo em oração. Acima de tudo, talvez, a compaixão levava Jesus a corrigir as imagens distorcidas que as pessoas tinham de Deus e as tirava das trevas para a luz. Lembro-me da profecia messiânica de Isaías:

> Como pastor, apascentará o seu rebanho;
> entre os seus braços
> recolherá os cordeirinhos
> e os levará no seio;
> as que amamentam ele guiará mansamente.[25]

A compaixão de Jesus o levava a contar para as pessoas a história do amor de Deus. Algumas vezes fico pensando em como teria sido minha vida se ninguém houvesse me falado de Deus e de sua história de resgate. Se a bebida ainda não tivesse me matado, sei que o hipócrita estaria reinando. Como dizem os Alcoólicos Anônimos, "a obstinação comanda o tumulto".

Li uma história emocionante num livro de Herman Wouk intitulado *Inside, Outside*. Seu herói acaba de se tornar *B'nai Brith*, filho da aliança, por meio de um extravante *bar mitzvah* aos treze anos de idade:

[24] Mateus 9:36.
[25] Isaías 40:11.

> Na manhã seguinte ao meu *bar mitzvah,* voltei com papai à sinagoga. Que diferença! Sombria, silenciosa, quase vazia; na frente, Morris Elfenbein e alguns idosos com seus filactérios e mantos usados para as orações...
>
> Não fosse o esforço de meu pai, eu teria deixado de entender o principal de tudo aquilo. Qualquer pessoa pode produzir um maravilhoso *bar mitzvah,* bastando para isso dinheiro e um garoto disposto a encarar as rigorosas exigências para a festança. A espinha dorsal de nossa religião — quem sabe de todas as religiões desses dias tão conturbados — é constituída por meia dúzia de gatos pingados, gente teimosa que se reúne num local de adoração, seja por força do trabalho, do hábito, da lealdade, da inércia, da superstição, da postura ou até de uma fé verdadeira — quem sabe ao certo? Meu pai me ensinou essa verdade tenebrosa. E eu a guardei comigo, de sorte que me esforço por ir à sinagoga em dias de semana, principalmente quando está muito frio ou chovendo e nem sempre se tem certeza de que o *quorum* (*minyan*) será atingido.[26]

A história da lei de Deus é preservada e transmitida às gerações por dez homens idosos e obstinados (o *minyan*) numa sinagoga quase deserta. Por mais confusa que seja a motivação desses homens e por mais frustrados que eles fiquem diante da apatia e da indiferença das pessoas, eles não deixam de contar essa história, em tempo e fora de tempo, pois ela é a essência da identidade de cada um deles. Nossa motivação para contar a história do resgate efetuado por Deus vem de ouvir a batida do coração do Jesus ressurreto dentro de nós. Contar essa história não é tarefa que nos obrigue a ser ministros ou pregadores de rua. Não exige de nós que convertamos as pessoas na marra, com uma martelada de Bíblia após a outra. Significa apenas que

[26] John McKenzie, *Source: What the Bible Says About the Problems of Contemporary Life,* p. 206.

dizemos aos outros quem realmente somos, como precisamos mesmo de Jesus e como ele nos conduz em sua ressurreição para o tempo presente.

O hipócrita não quer saber de contar essa história, pois tem medo de ser rejeitado. Ele vive tenso e ansioso, porque se vê obrigado a confiar em si mesmo, e o seu poder fica reduzido a seus minguados recursos. Ele tem pavor do fracasso.

O verdadeiro eu não se desmotiva facilmente, pois sabe que não se trata de uma questão de perder ou ganhar, mas de um mendigo mostrar ao outro onde pode encontrar pão. Ou talvez se trate de uma pessoa que estava morta e agora está viva, alguém cuja missão seja mostrar aos outros a porta que dá acesso à ressurreição. Disse Jesus: "Eu sou a videira, vós, os ramos. [...] porque sem mim nada podeis fazer".[27] No momento em que reconhecemos que não temos poder algum, ganhamos acesso ao poder da ressurreição do tempo presente e somos libertados da ansiedade em torno dos resultados produzidos pela história que contamos. Afinal de contas, a história não é nossa — nossa história faz parte da história de Deus. Não agimos motivados por culpa ou ambição (essa é a motivação do hipócrita). F. M. Cornford disse certa vez: "A única razão para fazermos o que é certo é que se trata do que é certo; todas as outras razões são razões para fazermos outras coisas".[28] Contamos a história de Deus simplesmente porque se trata de fazer o que é certo.

A história não é nossa — nossa história faz parte da história de Deus.

O diretor de cinema Frank Capra é muito lembrado por seu filme de 1946, *A felicidade não se compra.* Richard Schickel descreve o filme:

[27] João 15:5.
[28] Peter G. van BREEMAN, *Called by Name*, p. 38.

> É uma ficção sobre um homem que entra em desespero suicida por pensar que não conseguiu realizar nada de valor. Ele é salvo por um anjo da guarda que lhe mostra, numa bela seqüência de sonhos, como a vida de sua cidade, de seus amigos e de sua família teria sido triste se ele não os tivesse influenciado com sua bondade.[29]

Pode ser que você chegue ao final da vida e tenha contado a história de Deus a somente mais uma pessoa. Tudo bem. Prepare-se. Deus promete que até mesmo um copo de água fria que tenhamos oferecido não ficará sem recompensa.

Como um rio que corre para o mar

Observo em mim uma tendência de me perder em pensamentos, de abraçar certas experiências e relacionamentos, deixando Cristo de fora. Permito-me uma atitude que uma pessoa chamou de "agnosticismo da desatenção". Falta de disciplina pessoal, submissão ao bombardeio da mídia, leituras supérfluas, conversas inúteis e orações mecânicas — tudo isso restringe minha consciência do Cristo ressurreto. Assim como a falta de atenção afeta negativamente o amor, a confiança e a intimidade num relacionamento humano, também a desatenção em relação ao Jesus ressurreto enfraquece o relacionamento com o divino. Não que eu assim esteja negando a Deus, mas passo a ter outro foco, com minha atenção voltada para alguma outra coisa.

Em geral sei como estou me saindo ao observar como tenho gastado meu tempo e dinheiro e o tipo de conversa que tenho com meus amigos. Às vezes, evito olhar para essas coisas e prefiro a ignorância. É burrice fazer isso, eu sei.

[29] "More Than a Heart Warmer: Frank Capra: 1897-1991", revista *Time*, 138, 16/9/1991, nº. 11, p. 77. Extraído por Walter Burghardt, *When Christ Meets Christ*, p. 77.

Scott Peck afirmou: "Sem disciplina, não podemos resolver nada. Com um pouco de disciplina, podemos resolver alguns problemas. Com disciplina total, podemos solucionar todos os problemas".[30] A cada ano que passa, convenço-me mais de que minha principal disciplina é a consciência intencional de Jesus e sua ressurreição para o tempo presente. A partir disso as outras disciplinas fluem livremente como um rio que corre para o mar. Manter a disciplina, porém, exige uma coisa chamada desejo santo.

[30] *The Road Less Traveled*. Publicado no Brasil pela Record sob o título *A trilha menos percorrida*.

CAPÍTULO SETE

DESEJO SANTO

> O fato é que, se levarmos em consideração as clamorosas promessas de recompensa e a natureza instigante dessas recompensas prometidas nos evangelhos, ficaremos com a impressão de que nosso Senhor considera os desejos que temos não intensos, mas pobres demais. Somos criaturas monótonas que se divertem com bebida, sexo e ambição, enquanto alegria sem fim nos é oferecida, a exemplo de uma criança sem conhecimento que deseja continuar a fazer bolinhos de barro numa favela, simplesmente porque não tem idéia do que significa a proposta de passar um feriado na praia. Somos criaturas que se contentam com muito pouco.[1]

Nosso Senhor considera os desejos que temos não intensos, mas pobres demais. Essa idéia chamou a atenção na metade do século passado, pois a palavra *desejo* tinha como principal conotação a *atração física,* que é um dos sentidos da palavra que menos nos interessam aqui. Desejo é um anseio permanente — que, suponho, pode ser até mesmo sexual, mas também pode ser um desejo santo.

[1] C. S. Lewis, *The Weight of Glory and Other Addresses,* p. 3-4. Publicado no Brasil por Edições Vida Nova, sob o título *Peso de glória.*

É este desejo santo que me interessa nessa discussão, pois é o desejo que interessava a Jesus. Em Mateus 13, há uma impressionante história ligada a desejo. Ela é mais ou menos assim:[2]

> Período da tarde. Um campo que é só terra. Um trabalhador rural às voltas com um boi emprestado, arando o solo todo irregular. Mais um dia de trabalho braçal no ritmo enfadonho do tempo. O boi pára de repente e com força balança a cabeça de um lado para o outro. O homem não gosta desse animal. Só falta ele levantar vôo como se fosse uma ave atabalhoada e estragar os sulcos que eles já fizeram na terra. Animal burro. O homem assobia e grita para o boi; força a lâmina do arado mais para baixo, empurrando com o corpo o arado contra o forte animal. O boi arranca de novo, e o arado revolve a terra formando sulcos, até que, de repente, o homem sente que o arado bate em alguma coisa dura. Ele prontamente puxa o arado para trás e grita para o boi, que gosta da idéia de parar e fica ali quieto. Então, ele tira o arado de cima do sulco e coloca-o ao lado.
>
> Aquele campo era antigo e não devia mais ter pedras, mas ele estava abrindo sulcos mais profundos, ao contrário do que faziam outros trabalhadores que pensavam mais no dinheiro que iriam receber pelo dia de trabalho. Nisso ele se distingue dos outros. Ele tem sonhos. Algum dia terá seu próprio pedaço de terra — não este, que fica longe das águas e é arenoso. Os donos do campo nem sempre plantam ali. E o homem fica pensando no que os leva a ter esse trabalho.
>
> Muito bem, pedras não costumam se desenterrar sozinhas. Usando as próprias mãos ele cava o chão com fúria. É terra para todo lado. Ele sabe que qualquer outro teria deixado isso para lá, pois a pedra está bem no fundo do terreno. Por que se importar com ela? Mas ele continua cavando.

[2] História fictícia inspirada em Mateus 13:44.

De repente, ele pára. Opa! Algo estranho. E sente com o dedo algo que não era pedra, mas um pano grosseiro envolvendo uma pedra. Ele então tira a terra de cima. Por que alguém embrulharia uma pedra e amarraria com um barbante? Então, de cócoras, enfia os dedos por baixo do barbante e puxa com força. De repente, o terreno cede e o homem cai sentado para trás, mas segurando nas mãos algo que ele percebe não ser uma pedra, mas um tipo de vaso de cerâmica enrolado num pano grosseiro.

O barbante podre arrebenta no momento em que ele tenta desamarrá-lo. Fazia tempo que aquilo estava enterrado. O pano se rasga, deixando à mostra um vaso pesado, mas sem nada de excepcional. Trêmulo, ele abre a tampa de madeira e então solta um grito que faz o boi estremecer e socar a pata contra o chão.

O vaso está repleto de jóias e moedas de ouro e prata. Ele mergulha as mãos no tesouro, fazendo as moedas, brincos, braceletes e colares escorregar por entre os dedos. Está fascinado com o peso daquilo tudo.

De repente, ele sente medo e olha ao redor para ver se está sendo observado. Ele nunca tinha visto tanto dinheiro assim, nem imaginado uma quantidade tão grande de jóias — e há pessoas que chegam a matar por causa de um tesouro assim.

Depois de se convencer de que não estava sendo observado, ele guarda em sua bolsa meia dúzia de moedinhas e fecha o vaso, envolve-o de novo com o pano e joga terra por cima. Então desatrela o boi e ele mesmo puxa o arado para fazer um sulco mais raso sobre o terreno. Em seguida, marca a distância, contando os passos até a extremidade sudoeste do campo, refaz os passos e anda até a cerca de pedras na divisa do lado oeste. Se ninguém mudar aquelas divisas, ele conseguirá achar o local quando voltar.

Em seguida, atrela o boi novamente ao arado. Seu coração bate forte, e a cabeça gira com um só pensamento: ele precisa comprar aquele campo. Não importa o preço. Precisa comprar o campo para ter direito ao tesouro.

O tempo passa, e o homem vive atormentado durante o dia e sem sono à noite. Onde ele vai conseguir o dinheiro? Será que o tesouro ainda está lá enterrado? Ele não ousa contar nada a ninguém nem quer dar com a língua nos dentes. Depois de uma semana, deixa a cautela de lado. E começa a vender tudo o que possui. Vende seu casebre por um bom preço e depois o aluga de volta. Vende a ovelha para o açougueiro. Então recorre a parentes e amigos para emprestar cada centavo que fosse possível. Vende o boi emprestado e o arado. Sua esposa fica preocupada e depois furiosa:

— O que é que você está fazendo conosco?

E ele responde:

— Eu não posso dizer.

Ela implora, depois ameaça e em seguida vai embora de casa com as crianças. Os vizinhos comentam. "Ele voltou a beber." "Deve ter ficado maluco." "Muito sol na cabeça dá nisso."

Mas ele continua resoluto, inabalável, estranhamente alegre depois de perder família, amigos e a boa reputação que tinha.

Por fim, o homem oferece ao dono do campo um valor bem baixo, mas depois fecha negócio por um preço tão alto, que deixa o proprietário confuso e pensando: *mas que sujeito matuto! Não é à toa que ele não vai p'ra frente na vida. Não vai conseguir pagar o empréstimo, e vou recuperar o campo antes do ano novo.* Mas ele se surpreende quando o homem faz o pagamento em dinheiro.

Ao tomar posse do terreno e do tesouro, o homem cai de joelhos e louva a Deus. Aquela fortuna será mais do que suficiente para pagar suas dívidas e para recuperar-lhe a esposa e a reputação, de modo que os outros haverão de ficar se perguntando se é mesmo verdade que ele começou a vida como trabalhador do campo. E ele dirá: "Sim, tudo começou com dois animais burros arando um terreno".

O QUE PODERIA TER SIDO

Jesus afirmou: "O reino dos céus é semelhante a um tesouro oculto no campo, o qual certo homem, tendo-o achado, escondeu. E, transbordante de alegria, vai, vende tudo o que tem e compra aquele campo".[3]

Isto é desejo santo — um anseio permanente.

Leslie Robins, professor de ensino médio com trinta anos de idade, morador do estado de Wisconsin, ganhou na loteria 111 milhões de dólares — muito dinheiro para um professor. De imediato ele pega um avião e vai para a Flórida, para combinar com a noiva o que fariam em seguida. Numa entrevista para um jornal, Robins afirmou: "Nos dois primeiros dias ficamos mais assustados e intimidados do que empolgados. De modo geral, agora as coisas estão começando a se acomodar, e estamos mais tranqüilos". Tranqüilos, claro, imagino que estejam mesmo.

Isto é desejo santo — um anseio permanente.

Robins tinha cento e oitenta dias para receber o prêmio. Acho que eu compareceria para recebê-lo em cento e oitenta minutos. Mas por um instante vamos supor que essas duas pessoas sejam torcedoras de um time de beisebol de Wisconsin chamado Milwaukee Brewers. Estão no mês de julho e, portanto, elas não deixam de acompanhar a participação do time na liga. Mas depois começa a temporada dos Packers, outro time de Wisconsin, mas de futebol americano. *Nossa, vai ser muito bom comprar ingressos para toda a temporada, quando recebermos o dinheiro da loteria!* O tempo passa, e eles acabam se dando conta de que já estão no mês de janeiro. E se esqueceram de ir receber o prêmio. Leslie e a noiva deixaram de ganhar três milhões e meio de dólares por ano durante vinte anos. Bom, o que vem fácil vai fácil.

Como é que é? Eles se esqueceram de receber o prêmio?

[3] Mateus 13:44.

Calma; essa é só minha versão alternativa da história. Na vida real, eles foram receber o prêmio e viveram mais ou menos felizes para sempre.

Mas não posso deixar de pensar no que fiz com o meu tesouro. Eu inventei uma obsessão para Leslie e usei o esporte como exemplo tirado do nada. Minha obsessão é o álcool, e eu não a inventei. Perdi meu tesouro para o *bourbon* e a vodca. Naqueles dias de amargor e aridez, em que eu escondia garrafas de uísque no armário do banheiro, no porta-luvas do carro e no vaso de gerânio, escondi-me de Deus em meio a lágrimas e por trás de risos vazios. E eu nunca deixei de saber onde poderia tomar posse de meu tesouro.

A pequenez de nossa vida deve-se em grande parte à nossa fascinação diante dos brinquedinhos de um mundo irreal que está se dissipando.

Uma coisa é descobrir um tesouro; outra coisa é tomar posse dele. *Achar* um tesouro pode ser uma questão de sorte — ou da graça. Tomar posse do tesouro é uma função do desejo — o anseio santo que não desaparece, até que se venha a agir com determinação inabalável, sacrifício e esforço obstinado.

A pequenez de nossa vida deve-se em grande parte à nossa fascinação diante dos brinquedinhos de um mundo irreal que está se dissipando. Sexo, drogas, bebidas, dinheiro, prazer, poder, até mesmo um pouco de religião, todas essas coisas se unem para diminuir nossa consciência da ressurreição para o tempo presente. Entretenimento religioso, prestígio social e fins de semana de sedação e entorpecimento não escondem a terrível falta de sentido na igreja e na sociedade — problema para o qual o fanatismo, o espírito crítico e a indiferença também não apresentam solução.

É impressionante que, mesmo sabendo que existe um tesouro pelo qual vale a pena perder tudo, nós ainda relutemos para abrir mão do que possuímos. Será que realmente achamos que nossas coisas são tão valiosas? Ou talvez seja porque é muito difícil olhar para todas elas, colocar preço em cada uma e vendê-las. Por exemplo, como eu poderia colocar preço naquilo que o hipócrita fez para me manter com vida todos esses anos? O hipócrita é um herói; é claro que ele não é. Mas ele fez o que sabia fazer antes que eu tivesse uma solução melhor. Lembre-se: ele não é alguém que chegou de fora. Longe disso. O hipócrita faz parte de mim, está encolhendo aos poucos, mas ainda está lá.

Jeff Imbach afirma que nossa inatividade espiritual é uma recusa de fazermos uma viagem interior — uma paralisia que é conseqüência da escolha que fazemos de nos proteger da paixão.[4] Se não desejarmos profundamente o tesouro que está ao nosso alcance, daremos lugar à apatia e inexpressividade. O desejo santo se restabelece na fonte, pela visão renovada do próprio tesouro. Se não for assim, o desejo é rebaixado à condição de sentimentalismo nostálgico acerca do que poderia ter sido.

Dois corações batem como se fossem um só

Dois judeus piedosos casaram-se num clima de muito amor, um amor que nunca morreu. O maior anseio dos dois era ter um filho, que seria a continuação do amor dos dois sobre a face da terra.

Mas havia dificuldades. E como eram muito piedosos, oraram, oraram e oraram, até que — junto com outros esforços consideráveis — a mulher ficou grávida. E riu como Sara riu quando ficou grávida de Isaque. E a criança pulava em sua barriga, a exemplo de João na barriga de Isabel, quando Maria foi visitá-la. E nove meses depois uma criança adorável veio ao mundo chorando com toda força dos pulmões.

E deram à criança o nome de Mordecai. Ele era indócil e agitado, devorava os dias e engolia as noites. O sol e a lua eram

[4] *The Recovery of Love*, p. 134.

seus brinquedos. Ele cresceu em tamanho, sabedoria e graça, até que chegou a época de ir para a sinagoga estudar a Palavra de Deus.

Na noite anterior ao início dos estudos, os pais sentaram-se com Mordecai e lhe ensinaram acerca da importância da Palavra de Deus. E disseram-lhe que, sem a Palavra de Deus, ele seria como uma folha seca no meio de uma ventania. Mordecai ouviu tudo aquilo de olhos arregalados.

Mas no dia seguinte, ele não foi para a sinagoga. Resolveu ir para a floresta, nadar no lago e subir nas árvores.

Na noite daquele dia, ao voltar para casa, todos na pequena cidade já sabiam que ele não tinha aparecido na sinagoga. Todos sabiam de seu comportamento vergonhoso. Seus pais estavam agitados, mas não tinham a menor idéia do que fazer.

Então mandaram chamar os modificadores de comportamento para modificar o comportamento de Mordecai, até que não havia mais comportamento de Mordecai que não tivesse sido modificado. Assim, foram dormir sabendo que, no dia seguinte, Mordecai iria para a sinagoga estudar a Palavra de Deus.

Mas no dia seguinte, lá estava Mordecai de novo na floresta, nadando no lago e subindo nas árvores.

Então mandaram chamar os psicanalistas para analisar e eliminar seus bloqueios, até que não havia mais bloqueios para eliminar em Mordecai.

Todavia, no dia seguinte ele estava de novo na floresta, nadando no lago e subindo nas árvores.

Os pais de Mordecai estavam sofrendo por causa do filho querido. Tristes e sem esperança.

Mas foi nessa mesma época que o Grande Rabino chegou à cidadezinha. Era uma figura imponente, um pouco assustadora, reverenciada por todos. Os pais de Mordecai disseram: "Ah, quem sabe o Rabino!". Então levaram o menino ao Rabino e contaram-lhe o que estava acontecendo. E o Rabino disse com voz potente: "Deixem o garoto aqui comigo, e vou ter uma conversa com ele".

Já era péssimo o fato de Mordecai não ir à sinagoga. Mas deixar o filho querido sozinho com aquele homem assustador era ainda mais desconcertante. Mas eles haviam chegado até aquele ponto, e não se desrespeita uma ordem do Grande Rabino; então deixaram o garoto e voltaram para esperar em casa.

Mordecai ficou ali no saguão de entrada, e o Grande Rabino, em seu estúdio. E, fazendo um sinal para Mordecai, disse: "Menino, venha aqui. Trêmulo, Mordecai aproximou-se daquela figura solene.

"Coloque ali do lado o casaco e a bolsa", ordenou o Rabino, e Mordecai obedeceu.

Então, o Grande Rabino segurou Mordecai e em silêncio apertou-o contra o peito durante um longo período.

O Grande Rabino segurou Mordecai e em silêncio apertou-o contra o peito durante um longo período.

Ao entardecer, os pais de Mordecai chegaram para buscá-lo e levá-lo para casa. No dia seguinte, Mordecai foi para a sinagoga estudar a Palavra de Deus. Ao terminar, foi para a floresta. E as palavras da floresta se fundiram com a Palavra de Deus, que se fundiu com as palavras de Mordecai. E ele nadou no lago. E as palavras do lago se fundiram com a Palavra de Deus, que se fundiu com as palavras de Mordecai. E ele subiu nas árvores. E as palavras das árvores se fundiram com a Palavra de Deus, que se fundiu com as palavras de Mordecai.

E Mordecai cresceu e se transformou num grande homem. Pessoas dominadas pelo pânico iam procurá-lo e encontravam paz. Pessoas que não tinham ninguém iam até ele e encontravam comunhão. Pessoas que estavam sem saída iam até ele e achavam uma saída. E quando lhe perguntavam como ele podia ter em si tanto do poder da Palavra de Deus, ele respondia:

"A primeira vez que aprendi da Palavra de Deus foi quando o Grande Rabino segurou-me em silêncio contra o peito".[5]

• • •

O coração é geralmente visto como a sede das emoções, de onde surgem intensos sentimentos como amor e ódio. Mas isso é simplificar demais. É óbvio que não estamos pensando apenas nisso quando oramos: "Cria em mim, ó Deus, um coração puro e renova dentro de mim um espírito inabalável".[6] E não é isso que Jesus tinha em mente quando disse: "Bem-aventurados os limpos de coração, porque verão a Deus".[7] E também não é o que Deus queria dizer quando prometeu: "Porque esta é a aliança que firmarei com a casa de Israel, depois daqueles dias, diz o SENHOR: Na mente, lhes imprimirei as minhas leis, também no coração lhas inscreverei; eu serei o seu Deus, e eles serão o meu povo. Não ensinará jamais cada um ao seu próximo, nem cada um ao seu irmão, dizendo: Conhece ao SENHOR, porque todos me conhecerão, desde o menor até ao maior deles, diz o SENHOR".[8]

O coração é a mais pura essência de uma pessoa. Simboliza o que está no âmago do ser.

O coração é a mais pura essência de uma pessoa. Simboliza o que está no âmago do ser. Podemos conhecer e ser conhecidos apenas mediante a exposição do que vai em nosso coração.

[5] Adaptado de John Shea, *Starlight,* p. 115-117. Esta história, cortesia de Reuben Gold e da tradição hassídica, ganhou uma releitura radical feita por Shea, cujos primeiros trabalhos, *Stories of Faith* e *Stories of God,* constituem um tesouro de parábolas atuais aliadas a uma magnífica análise do poder da narração de histórias.

[6] Salmos 51:10

[7] Mateus 5:8.

[8] Jeremias 31:33-34.

Quando Mordecai escutou as batidas do coração do Grande Rabino, ele não ouviu somente um órgão humano que pulsava. Ele entrou no nível de consciência do Rabino e pôde conhecê-lo de um jeito que abrangeu intelecto e emoção — e os transcendeu. Coração falando ao coração.

Certa vez, durante um retiro silencioso de cinco dias, passei todo o tempo lendo o evangelho de João. Sempre que alguma passagem falava ao meu coração, eu a escrevia num diário. A primeira que escrevi também se tornou a última: "Ora, ali estava conchegado a Jesus um dos seus discípulos, aquele a quem ele amava; [...] aquele discípulo, reclinando-se sobre o peito de Jesus...".[9] Eu havia lido a maior parte dos treze capítulos anteriores quando essa cena saltou aos meus olhos. E, depois de passar cinco dias lendo a história de João, fui parar exatamente aqui: olhando João repousar a cabeça sobre o coração de Deus. Não acho que essa cena tenha sido incluída para dar efeito dramático. Acredito que ela serve de modelo de um encontro pessoal com Jesus que modifica radicalmente nossa compreensão de Deus e de como deve ser nossa relação com Jesus. Deus permite que um jovem judeu de vinte e poucos anos de idade se recline para ouvir a batida do seu coração! Será que alguém já esteve tão perto de Jesus?

É claro que João não se sentia intimidado por seu Mestre e Senhor

Por medo de não contemplar a divindade de Jesus, durante muito tempo distanciei-me de sua humanidade. Meu desconforto revela uma estranha relutância em crer. Por que para mim era mais fácil sentir temor diante da luz distante de uma divindade remota em vez de sentir confiança íntima num Salvador pessoal?

João reclina-se sobre o peito de Jesus, escuta a batida do coração do Grande Rabino e passa a conhecê-lo de um modo que supera tanto o intelecto quanto a devoção a distância.

[9] Veja João 13:23,25.

Há uma enorme diferença entre ter informações sobre alguém e *conhecer* a pessoa! Podemos conhecer todos os detalhes — nome, local de nascimento, família de origem, instrução escolar, hábitos, aparência, nome de solteira da mãe — mas tudo isso não nos diz nada acerca da pessoa que vive com Deus, que o ama e anda com ele.

João tem a experiência de Jesus como a face humana do Deus que é amor. Ao saber quem o Grande Rabino é, João descobre quem ele é — o discípulo *a quem ele amava.* Anos depois, ele escreveu: "No amor não existe medo; antes, o perfeito amor lança fora o medo. Ora, o medo produz tormento; logo, aquele que teme não é aperfeiçoado no amor".[10]

Quero ser como esse cara

O filósofo Bernard Lonergan disse: "No fundo, todas as experiências religiosas são experiências de amor incondicional e irrestrito".[11]

A revelação do desejo santo começa com o resgate do meu verdadeiro eu como filho de Aba totalmente amado.

A revelação do desejo santo começa com o resgate do meu verdadeiro eu como filho de Aba totalmente amado. Este é o alvo e o propósito da nossa vida. O apóstolo João não acreditava que Jesus era a coisa mais importante; ele acreditava que Jesus era a única coisa importante.

Passei a crer que *aquela* refeição, em que João se reclina sobre o peito de Jesus, foi o momento crítico de sua vida. Seis décadas depois da ressurreição de Cristo — como um velho garimpeiro peneirando no riacho de suas lembranças — ele se recorda dos fatos daqueles três anos que passou na companhia de Jesus. Na última página de sua história, João faz uma referência àquela noite especial em que tudo fez sentido: "Então,

[10] 1João 4:18.
[11] Citado em Robert Wicks, *Touching the Holy,* p.14.

Pedro, voltando-se, viu que também o ia seguindo o discípulo a quem Jesus amava, o qual na ceia se reclinara sobre o peito de Jesus e perguntara: Senhor, quem é o traidor?".[12] Se alguém perguntasse a João: "Qual é sua principal identidade, sua percepção mais coerente de si mesmo?", não acho que ele responderia: "Sou um discípulo, um apóstolo, um evangelista". Acho que ele diria: "Sou aquele que Jesus ama".

Quero ser como esse cara.

• • •

Agora escute uma de minhas histórias prediletas.[13]

Uma moça pediu ao padre da cidade que fosse orar com seu pai que estava à beira da morte. Quando o sacerdote chegou, encontrou o homem com a cabeça apoiada sobre dois travesseiros e uma cadeira vazia ao seu lado. E pensou que o doente havia sido avisado de sua visita. Então perguntou:

— Acho que o senhor estava me esperando.

— Não. Quem é o senhor?

— Sou o novo padre de sua paróquia. Quando vi a cadeira vazia, pensei que o senhor soubesse que eu estava para chegar.

— Ah, a cadeira. O senhor se importaria de fechar a porta?

Intrigado com aquilo, o padre fechou a porta. E o homem continuou:

— Nunca falei a ninguém sobre isso, nem mesmo para a minha filha, mas passei a vida inteira sem saber orar. Nas missas de domingo, eu ouvia o padre falar sobre oração, mas eu não conseguia entender. Até que um dia, sentindo-me extremamente frustrado, eu disse ao padre: "Não entendo nada de suas homilias sobre oração".

[12] João 21:20.

[13] Brennan Manning, *Lion and Lamb: The Relentless Tenderness of Jesus,* p. 129-130.

"Aqui", disse o padre, enquanto abria a última gaveta da escrivaninha. "Leia este livro escrito por Hans Urs von Balthasar, um teólogo suíço. É o melhor livro sobre oração contemplativa já publicado no século vinte."

— Bom, padre, eu levei o livro para casa e tentei ler. Mas logo nas três primeiras páginas tive de consultar doze palavras no dicionário. Devolvi o livro ao sacerdote, agradeci e disse comigo mesmo: "Não adianta".

E o homem continuou:

— Desisti de tentar orar, até que um dia, faz uns quatro anos, meu melhor amigo me disse: "Joe, orar é simplesmente uma questão de conversar com Jesus. Vou sugerir-lhe uma coisa: sente-se numa cadeira, coloque outra cadeira vazia na sua frente e, pela fé, veja Jesus sentado ali. Não há mistério, pois foi ele quem prometeu: 'Estarei sempre convosco'. Depois é só falar com ele e ouvi-lo do mesmo jeito que estamos fazendo neste exato momento.

— Por isso, padre, eu tentei e gostei tanto do resultado, que faço isso algumas horas todos os dias. Mas eu tomo meus cuidados. Se minha filha me visse conversando com uma cadeira vazia, ela iria surtar ou me mandar para um hospício.

O sacerdote ficou profundamente emocionado com a história e incentivou o doente a continuar fazendo aquilo. Então, orou com ele, ungiu-o com óleo e foi embora.

Duas noites depois, a filha telefonou-lhe para avisar que seu pai havia falecido na tarde daquele dia. Ele então perguntou:
— Ele morreu em paz?

— Sim, um pouco antes de eu dar uma saída por volta das duas da tarde, ele me chamou até o lado da cama, contou-me uma de suas piadas de sempre e me deu um beijo no rosto. Quando voltei da rua uma hora depois, encontrei-o morto. Mas tinha uma coisa estranha, padre. Na verdade, mais do que estranha. Parece que, logo antes de morrer, meu pai inclinou o corpo e pôs a cabeça sobre uma cadeira que estava ao lado da cama.

Andando por aí como os reis da cocada preta

O Cristo da ressurreição para o tempo presente está ao nosso alcance tanto quanto esteve para João em seu corpo humano. João conheceu-o primeiramente como realidade física e depois, da mesma forma, podemos conhecê-lo como aquele que desejamos acima de todas as outras pessoas. Ver Jesus em sua aparência física era um privilégio extraordinário, mas leia o que ele disse a Tomé, que se recusou a aceitar a ressurreição, a não ser que visse Jesus: "Porque me viste, creste? Bem-aventurados os que não viram e creram".[14]

O Cristo da ressurreição para o tempo presente está ao nosso alcance tanto quanto esteve para João em seu corpo humano.

A liderança na igreja da ressurreição para o tempo presente não foi confiada a pessoas que sabiam levantar recursos financeiros, a especialistas em Bíblia, a gênios da administração ou a pregadores que deixam a platéia fascinada. Essas características podem fazer parte ou não do perfil de um líder autêntico. Em geral fico temeroso, pois essas competências são recompensadas porque são extremamente úteis na formação do tipo de estrutura que o hipócrita adora e que o fariseu não odeia (como bem sabemos, pouquíssimas vezes o fariseu tem algo de positivo a dizer sobre qualquer que seja o assunto). Mas eu diria que, deixando de lado a estrutura física da igreja, as pessoas que tornam possível o verdadeiro crescimento do corpo de Cristo não são profissionais, mas aquelas que se consomem num desejo santo de Cristo — homens e mulheres que se entregam de coração, para os quais o reconhecimento, os privilégios e o poder significam quase nada, principalmente em comparação com a experiência de conhecer e amar Jesus. Henri Nouwen descreve as qualidades exigidas para a liderança:

[14] João 20:29.

> Líderes cristãos não podem ser simplesmente pessoas com opiniões balizadas sobre as questões mais ardentes dos nossos dias. A liderança dessas pessoas deve estar calcada numa relação permanente e íntima com Jesus, a Palavra encarnada, e é nela que devem encontrar a fonte de suas palavras, de seus conselhos e de sua orientação [...] Lidar com questões ardentes muitas vezes leva a divisões porque, antes que percebamos, a percepção que temos do nosso eu se confunde com nossa opinião sobre determinado assunto. Mas quando estamos firmados numa intimidade pessoal com a fonte da vida, é possível ser flexível sem ser relativista, ter convicção sem ser rígido, estar pronto a confrontar sem ser ofensivo, gentil e disposto a perdoar sem ser bobo e ser uma verdadeira testemunha sem ser manipulador.[15]

Basta olhar para os momentos da história em que a igreja chegou ao fundo do poço — aqueles períodos potencialmente explosivos, marcados por ódio, violência e agressão — e saberemos quando os líderes da igreja foram impelidos pela sensualidade e não pelo desejo santo. E como reconheceríamos um quadro desses nos dias de hoje? Procure o hipócrita e o fariseu andando por aí como se fossem os reis da cocada preta.

O suficiente para comprar um tesouro

Quando Roslyn e eu éramos namorados, eu aproveitava todas as oportunidades que tinha para estar com ela em Nova Orleans. Depois de participar em Assis, na Itália, de um retiro de dez dias para sacerdotes americanos e canadenses, peguei um avião de volta com o grupo e cheguei a Twin Cities às três da madrugada.

Exausto por causa do fuso horário e com o compromisso de falar em São Francisco dali a 36 horas, era óbvio que eu devia

[15] *In the Name of Jesus*, p. 42.

pegar um avião direto para a Califórnia e descansar. Em vez disso, fiquei em Minneapolis até às seis da manhã, peguei um vôo para Nova Orleans e fiz um delicioso piquenique com Roslyn às margens do lago Pontchartrain. Dali fui para São Francisco, onde cheguei à meia-noite. Na manhã seguinte, eu estava ótimo, alerta, disposto, energizado pelos urgentes anseios do amor. O desejo pode fazer isso por uma pessoa.

A experiência nos diz que a vida nem sempre é esse mar de rosas. Há um momento em que empolgação e entusiasmo devem dar lugar à presença tranqüila e contemplativa, pois, do contrário, seríamos consumidos pela chama da paixão. A insensatez da paixão deve sobreviver à separação, à solidão, ao conflito, à tensão, ao tédio, para que o amor perdure. Para que o amor se mantenha vivo, o fascínio irracional deve amadurecer e transformar-se em intimidade autêntica marcada por sacrifício pessoal e comunicação com a pessoa amada.

Para que o amor se mantenha vivo, o fascínio irracional deve amadurecer e transformar-se em intimidade autêntica marcada por sacrifício pessoal e comunicação com a pessoa amada.

Muitas pessoas podem se lembrar de um momento altamente imprevisível em que foram tocadas por um encontro com Jesus Cristo. Somos tomados por fascínio e amor. Expressando de forma bem simples, ficamos apaixonados por Jesus, apaixonados porque nos sentimos amados. No meu caso, essa experiência durou nove anos.

Logo depois de minha ordenação deixei-me levar pelo sucesso. Os aplausos abafaram a batida do coração de Deus. Eu estava em alta. Que sentimento inebriante ser admirado e requisitado! À medida que minha disponibilidade incondicional para com todos os que me convidavam ia aumentando, minha intimidade com Cristo ia diminuindo. Eu racionalizava, pensando que provavelmente esse era o preço a ser pago quando se queria servir com abnegação no reino de Deus — um truquezinho que aprendi com o hipócrita.

Os anos passaram, a fama diminuiu, e a popularidade declinou. Quando a rejeição e o fracasso mostraram a face pela primeira vez, eu não estava preparado e fiquei arrasado. A solidão e a tristeza invadiram minha alma. Na busca de uma experiência que me trouxesse mudança no estado de ânimo, comecei a beber. Depois de dezoito meses, eu havia me transformado num bêbado que não se controlava mais. Abandonei o tesouro e fugi do desejo santo.

Acabei indo me tratar em Hazelden, no estado de Minnesota. Quando a poeira do alcoolismo baixou, eu sabia que havia somente um lugar para onde eu podia ir. Mergulhei no âmago da minha alma, silenciando-me aos poucos, até que voltei a ouvir as batidas do coração do Rabino.

Desde então, os anos não têm sido marcados por uma consciência ininterrupta de Jesus e de sua ressurreição para o tempo presente, nem meu comportamento tem sido uma espiral sem falhas em direção à santidade. Há lapsos e novos lapsos, crises de aborrecimento e frustração, períodos de alta ansiedade e baixa auto-estima. O lado bom disso tudo é que essas coisas têm durado cada vez menos.

Não quero passar a impressão de estar me compadecendo das pessoas que me lêem. Digo apenas que se alguém se encontra preso no atoleiro do pensamento de que Deus atua somente por meio de santos e heróis, saiba que mais adiante existe terra firme. Deus atua por meio dos que têm o coração quebrantado e sabem que não têm coragem de seguir em frente. Deus atua por meio dos fracos que sabem que não têm força para continuar. Deus atua por meio dos pobres que sabem que, seja lá o que for, eles não tem meios de adquiri-lo.

Deus põe um tesouro no caminho dessas pessoas, para que arem a terra, cavem e o desenterrem, e esse tesouro transforma-se no desejo santo de quem o encontra, uma obsessão. Torna-se o anseio permanente, que não desaparece até que vendam tudo o que elas têm — e que não é muito, mas revela-se ser exatamente o necessário para que comprem um pouco da ressurreição para o tempo presente.

Ai dos que pensam estar vivos, pois logo sentirão o gosto da morte.

Felizes os que, com razão, pensam estar mortos, pois estão prestes a viver.

Capítulo oito

Determinação

Pessoas. Ruim com elas, pior sem elas. Não me entenda mal. Alguns de meus melhores amigos são pessoas. Assim mesmo...

> Olhe para sua vida e observe como você preencheu o vazio com pessoas. A conseqüência disso é que elas o imobilizaram, aplicando-lhe uma gravata. Veja como elas controlam seu comportamento, aprovando e reprovando. Elas detêm o poder de aliviar sua solidão fazendo-lhe companhia, de levantar seu astral com elogios, de deixá-lo no chão com críticas e rejeição. Olhe para si mesmo e veja como você passa quase todo o tempo em que está acordado aplacando a ira das pessoas ou tentando agradá-las, quer estejam vivas, quer estejam mortas. Você vive segundo as normas que elas criam, ajusta-se aos padrões aceitos, procura a companhia dessas pessoas, cujo amor você anseia receber, morre de medo de ser ridicularizado, deseja o aplauso delas, submete-se docilmente à culpa que elas lhe impõem; fica aterrorizado diante da possibilidade de ir contra a moda no vestir-se, no falar, no agir e até no pensar.[1]

[1] Anthony DeMello, *The Way to Love*, p. 64.

Tudo isso se resume, pelo menos no meu caso, a um enorme pavor. Fico apavorado pela idéia de ser reprovado, isolado, abandonado. Morro de medo de que me tirem as coisas das quais dependo. Às vezes entro no jogo, não para ganhar, mas para não perder. Acho lamentável esse modo de vida.

O apóstolo João relata a história de um homem que era cego quando se encontrou com Jesus. Trata-se da famosa história da cura realizada com lama sobre os olhos.[2] E isso causou problemas, pois a cura é mais um daqueles crimes que Jesus continuava cometendo contra a guarda do sábado. Os fariseus já haviam avisado: nada de curas no sábado — nós não fazemos isso, e vocês também não devem fazer. (É claro que, por esse critério, não se permitiriam curas nos outros seis dias também; mas essa é outra história.) "Alguns fariseus disseram: — O homem que fez isso não é de Deus porque não respeita a lei do sábado."[3] *Quantas vezes vamos ter de falar a mesma coisa? Nada de boas obras no dia reservado para pensar em Deus!*

Fico apavorado pela idéia de ser reprovado, isolado, abandonado. Morro de medo de que me tirem as coisas das quais dependo.

Alguém no meio de toda aquela gente diz que uma pessoa que não respeita o sábado não pode fazer um milagre daqueles; portanto, para início de conversa, o rapaz não era cego. Todos os presentes parecem pensar assim, mas resolvem tirar uma eventual dúvida com o moço supostamente curado, mas, agora que está enxergando, parece que ele não está muito bem-humorado. A conversa não foi muito produtiva, é claro.

Muito bem, se há pessoas que podem tirar tudo isso a limpo, essas pessoas são os pais do rapaz; então, as autoridades mandam chamá-los:

[2] Ótimo para ler: João, capítulo 9.
[3] João 9:16.

> Os líderes judeus não acreditavam que ele tinha sido cego e que agora podia ver. Por isso chamaram os pais dele e perguntaram: —Esse homem é filho de vocês? Vocês dizem que ele nasceu cego. E como é que agora ele está vendo? Os pais responderam: —Sabemos que ele é nosso filho e que nasceu cego. Mas não sabemos como é que ele agora pode ver e não sabemos também quem foi que o curou. Ele é maior de idade; perguntem, e ele mesmo poderá explicar. Os pais disseram isso porque estavam com medo, pois os líderes judeus tinham combinado expulsar da sinagoga quem afirmasse que Jesus era o Messias. Foi por isso que os pais disseram: "Ele é maior de idade; perguntem a ele".[4]

Que tristeza. Uma coisa leva à outra e, no fim de tudo, o rapaz que havia sido curado da cegueira por Jesus é excomungado pelos fariseus. Mas, espere, os pais dele não foram chutados para fora também; então o prejuízo não foi total.

A intimidação é uma velha tática em círculos religiosos —*faça do nosso jeito, ou você não fica em nosso grupo.* Ela reaparece alguns capítulos à frente, em que João observa que as pessoas não creram, mesmo depois de Jesus ter realizado todo tipo de milagre. Mas João afirma:

> Contudo, muitos dentre as próprias autoridades creram nele, mas, por causa dos fariseus, não o confessavam, para não serem expulsos da sinagoga; porque amaram mais a glória dos homens do que a glória de Deus.[5]

Morremos de medo, pelo menos a maioria de nós, das punições que sobrevêm a qualquer desvio da linha do partido religioso. Temos tanto medo disso, que fazemos qualquer coisa para

[4] João 9:18-23.
[5] João 12:42-43.

evitar que aconteça. Evitamos por tanto tempo, que chegamos a duvidar de que possa acontecer. Pelo sim, pelo não, é melhor ter certeza do que tristeza.

Depender da aprovação das pessoas que estão no poder é radicalmente incompatível com a fé autêntica. O problema é que os fariseus estão bem na nossa frente, e é muito fácil dizer o que eles pensam que estamos fazendo.

Como já admiti, o pecado que me domina tem sido minha covardia ao recusar-me a pensar, sentir, agir, reagir e viver pelo meu verdadeiro eu, por medo de ser rejeitado. Isso não significa que eu não creia em Jesus. Apenas permito que pressões de outras pessoas definam os limites da minha fé. E não significa que eu não ame Jesus. Apenas há momentos em que também amo outras coisas — principalmente minha própria imagem cintilante. Isso significa que, ao colocar esses limites para minha fé e para meu amor por Jesus, minha próxima traição torna-se uma simples questão de tempo. Na realidade, não sou diferente dos primeiros seguidores de Jesus. Quando a polícia religiosa chegava, o que acontecia era isto: "... os discípulos todos, deixando-o, fugiram".[6]

Na verdade, comigo é diferente. Os caras que chegaram para prender Jesus, de fato o prenderam e o mataram. A polícia religiosa do meu mundo são gurus e pessoas que podem me convidar — ou desconvidar — para falar nos eventos que eles organizam. São celebridades das emissoras de rádio cristãs; são os reis do comércio; são meus pares, gente em condições de igualdade comigo. Isso lhe parece esquisito? Um cara da minha idade preocupado com a pressão do grupo?

Emendo e corrijo a mim mesmo quando tento prever qual será a reação dos fariseus diante de minhas palavras. Muitas vezes, sou um maria-vai-com-as-outras. Ninguém se importa muito se eu não tomo uma posição — afinal eu não disse nada. A ditadura dos meus pares determina as escolhas que faço e as

[6] Mateus 26:56.

que deixo de fazer. Simplesmente tenho medo do que os outros vão dizer. Peter G. Van Breeman identifica esse medo:

> O medo do ridículo paralisa mais que um ataque frontal ou uma crítica impiedosa. Quanta coisa boa se perde por causa do nosso medo da opinião dos outros! Ficamos imobilizados quando pensamos no que os outros vão dizer. Por ironia, as opiniões que mais tememos não vêm das pessoas que de fato respeitamos; assim mesmo, essa gente que tememos influencia nossa vida muito mais do que estaríamos prontos a admitir. O medo debilitante que temos de nossos pares pode gerar uma vida terrivelmente medíocre.[7]

A ditadura dos meus pares determina as escolhas que faço e as que deixo de fazer.

Magnífico e solitário

Quando uma pessoa finalmente aceita o profundo mistério de que é cem por cento amada por Deus e que nada do que ela faça pode mudar isso, então se lhe abre uma grande oportunidade de abraçar sua identidade central como filha de Aba. E, *depois disso,* ela vai as poucos ficando livre de todos os relacionamentos controladores. Ela muda o que o psicólogo Julian Rotter chamou de *locus de controle* — lugar onde se tomam decisões que levam a mudanças — saindo do controle externo para o autocontrole interno. Imagino que algumas pessoas conseguem fazer essa mudança, mudando mais ou menos de opinião ou de idéia, mas eu mesmo nunca fui muito bom nisso. A pessoa que se concentra na ressurreição para o tempo presente muda do controle externo para o interno, pois esse é o fruto natural do Espírito que está dentro dela: "Mas o fruto do Espírito é: [...] domínio próprio".[8]

[7] *Called by Name*, p. 88.
[8] Gálatas 5:22-23.

O jeito que temos de lidar ou de não lidar com a questão da aprovação nunca desaparece por completo. Eu ainda gosto de afirmação sempre que posso tê-la, mas não estou mais disposto a vender minha alma — e deixar de lado meu desejo santo — em troca de uma salva de palmas.

O desejo santo é sustentável, não num estado de emoção à flor da pele, mas como a firme determinação do amor para fazer o que for preciso e durante o tempo necessário, para possuir o tesouro. Isso significa permanecer centrado na ressurreição de Jesus para o tempo presente; significa permanecer firme na verdade de que sou um filho de Aba cem por cento amado; significa pagar o preço da fidelidade.

Mas não é só uma questão de *fé*. Veja o que nos diz a carta de Tiago:

> Ainda existe alguém entre vocês que sustenta que "apenas crer" é suficiente? Crer num único Deus? Ora, lembrem-se que os demônios também crêem nisso — com tanta convicção que até tremem de terror! Ó homem insensato! Quando é que afinal você compreenderá que "crer" é inútil sem fazer o que Deus quer que você faça? A fé que não resulta em boas obras realmente não é fé.[9]

Uma pesquisa de fevereiro de 2003 revelou dados interessantes sobre a fé. Veja em que acreditam seus amigos e vizinhos:

Deus: 90 por cento
Milagres: 89 por cento
Vida após a morte: 84 por cento
Ressurreição de Cristo: 80 por cento
Nascimento virginal: 77 por cento
Inferno: 69 por cento

[9] Tiago 2:19-20, A Bíblia Viva.

Diabo: 68 por cento
Fantasmas: 51 por cento
Astrologia: 31 por cento
Reencarnação: 27 por cento[10]

Você ficou surpreso? Por saber que 89 por cento das pessoas que vivem perto de você acreditam em milagres? E 80 por cento dizem que acreditam na ressurreição de Cristo! Oitenta por cento! Você vê evidências disso?

Aparentemente, *acreditar* na ressurreição não é a mesma coisa que ter consciência da ressurreição de Jesus para o tempo presente. Uma gera a auto-satisfação; a outra, um desejo santo e perene. A verdade da fé tem pouco valor se não for também vida para o coração. Antônio de Pádua, teólogo do século treze, iniciava todas as suas aulas com a seguinte frase: "De que vale estudar se o conhecimento não se transformar em amor?".

A verdade da fé tem pouco valor se não for também vida para o coração.

O filósofo Søren Kierkegaard ironizou a busca do conhecimento bíblico-teológico como um fim em si mesmo:

> Nós, espertalhões cheios de evasivas, agimos como se não compreendêssemos o Novo Testamento, pois sabemos muito bem que teríamos de mudar radicalmente nosso modo de vida. É por isso que inventamos a "educação religiosa" e a "doutrina cristã". Mais uma concordância, outro léxico, alguns comentários a mais, três novas traduções, pois tudo é tão difícil de entender. Sim, é lógico, caro Deus, todos nós — capitalistas, funcionários, ministros, donos de imóveis, mendigos, a sociedade inteira — estaríamos perdidos, não fosse a "doutrina erudita".[11]

[10] *The Harris Poll* nº 11, 26/02/2003, ISSN 0895-7983, extraído da p. da Internet http://www.harrisinteractive.com/harris_poll/index.asp?PID = 359.
[11] Citado por Peter G. van BREEMAN, *Called by Name*, p. 39.

O desejo santo na vida de Jesus era seu Pai. Ele tinha um segredo no coração, e isso o tornava magnífico e solitário.[12] Os quatro evangelistas não nos poupam dos detalhes brutais das perdas que Jesus sofreu para lançar mão de seu tesouro. Sua família pensava que ele fosse meio maluco (veja Mc 3:21), os fariseus chamavam-no de bêbado e comilão (veja Lc 7:34), os eruditos em religião espalhavam boatos de que ele era possuído por demônios (veja Mc 3:22). Ele foi abandonado por aqueles que amou, traído por aqueles em quem confiou, assassinado por aqueles que veio resgatar. Mostrou-se disposto a suportar todas essas coisas em troca do tesouro que era tão grande.

Sobre os próprios pés

A pressão em torno da conformidade religiosa e da precisão teológica nos círculos cristãos coloca-nos cara a cara com o que Johannes Metz chamou de "pobreza da singularidade". O povo cristão pode tornar a vida difícil para quem não anda na linha. Para muita gente, confiar na revelação que Deus faz de si mesmo nas Escrituras tornou-se menos importante que concordar com a teologia de qualquer que seja a tribo cristã a que as pessoas pertençam. "Está tudo muito bem", respondeu um diácono, enquanto o pastor encerrava um estudo bíblico sobre racismo com seus líderes, dizendo: "Mas nós, como batistas, cremos em quê?".[13]

A pobreza da singularidade pode ser o preço que pagamos pelo tesouro que desejamos. Seguir Jesus pode implicar ficarmos sozinhos, se a única outra alternativa for negociar nossa integridade. Pode significar agir com coragem como filho de Aba, em vez de dar ouvidos ao hipócrita ou ceder às regras do fariseu. Pode significar confiar em Jesus o suficiente para correr o risco

[12] Veja mais dessa idéia em Johannes B. Metz, *Poverty of Spirit*, p. 39-40.
[13] Extraído de um sermão de Robert McMillan, da Primeira Igreja Batista de Tallahassee, na Flórida.

de cometer erros e pedir novas chances, em vez de participar do jogo sem correr risco algum.

Sobre a mesa do escritório onde escrevo, há um retrato de Thomas Merton com as seguintes palavras:

> Se você se esquecer de tudo o que já foi dito, sugiro que, para o futuro, se lembre disto: De agora em diante, cada um se apóie sobre os próprios pés.

Apoiar-se sobre os próprios pés é muitas vezes um ato heróico de amor por Deus e por aqueles que ele quer que sirvamos — não importa o que o hipócrita venha a dizer nem as críticas do fariseu — qualquer que seja o preço e por tanto tempo quanto necessário; sozinho se preciso for.

> *Seguir Jesus pode implicar ficarmos sozinhos, se a única outra alternativa for negociar nossa integridade.*

O único tipo de singularidade que o hipócrita conhece é a que vê sentido apenas em idéias como *o melhor, o maior, o mais sofisticado, o primeiro* — coisas que podem ser transformadas em artigos de jornal ou ofertas de emprego. O hipócrita fica horrorizado e confuso diante de qualidades como *o menor, o último, o mais simples.* Ele se pergunta por que alguém haveria de fazer isso consigo mesmo. Se não podemos ser os primeiros nem os melhores, o conselho do hipócrita é este: "Mantenha-se próximo ao chão, abaixo do alcance do radar, não agite as coisas, diga o que todos dizem e faça o que todos fazem; se você não pode ser visto, não se levante".

A verdadeira medida de nossa profunda consciência da ressurreição para o tempo presente está na capacidade de nos manter firmes pela verdade quando isso atrai sobre nós a reprovação de pessoas que nos são importantes. Um desejo santo e profundo em relação à verdade acumula uma indiferença cada vez maior pela opinião pública, seja lá o que as pessoas pensem ou falem. A segurança de caminhar com a multidão e de refletir a opinião dos outros começa não apenas a parecer falsa, mas terrivelmente obtusa.

Quando aprendemos a ouvir, a voz interior que cochicha "tenha coragem, não tenha medo, sou eu" também nos diz que nossa segurança reside em não ter segurança. Quando uma pessoa se apóia sobre os próprios pés e assume a responsabilidade por seu eu singular — quando a única opinião que importa é a opinião de Aba — ela percebe que está ganhando liberdade, força e libertação da ditadura da aprovação humana.

Impossível fingir

Tanto a psicologia quanto a religião conferem muita importância à primazia do *ser* sobre o *fazer*. Vira e mexe, pastores, terapeutas e pessoas próximas a nós estão nos lembrando: "O que importa não é o que você *faz*, mas quem você *é*". E é claro que eles estão certos. Pelo menos em parte.

Tenho um amigo que durante muito tempo se chamou de escritor, antes mesmo que escrevesse alguma coisa. Ou seja, ele gostava de ouvir o som da voz que dizia "Sou um escritor". Mas não queria escrever nada em particular, pois escrever — e quem já tentou fazer isso pode confirmar o que estou dizendo — é difícil, como se vê nesta frase atribuída a Nathaniel Hawthorne: "Leitura fácil é escrita penosa". Não é como passar o dia colhendo frutas, mas como passar o dia fazendo uma prova.

Depois de se debater com a pergunta: "Ah, é mesmo? O que você escreve?", meu amigo descobriu que o *fazer* é a evidência do *ser*.

Esse é um dos dilemas tratados pela carta de Tiago. É a razão por que alguns teólogos e pensadores (incluindo Martinho Lutero) nunca deram muita atenção a Tiago. Ele diz: "Seu tolo! Vou provar-lhe que a fé sem ações não vale nada".[14] Lutero es-

[14] Tiago 2:20, Nova Tradução na Linguagem de Hoje.

creveu: "Tiago queria se defender dos que dependiam da fé sem obras, mas ele não tinha nem o espírito, nem o pensamento, nem a eloqüência que dessem conta dessa tarefa". A solução dada por Lutero foi negar a Tiago "um lugar entre os autores do verdadeiro cânon" em sua Bíblia.[15] Com certeza, este não foi um dos melhores momentos da vida de Lutero.

Essa questão de fé e obras é uma daquelas dificuldades que as pessoas gostam de amenizar. Mas ela não pode ser facilmente amenizada. Nossa identidade como filhos de Aba cem por cento amados é o que há de mais verdadeiro em nós. Nosso comportamento como filhos de Aba cem por cento amados é o que torna autêntica essa identidade.

Acima de qualquer outra coisa, o que fazemos em Cristo pode expressar a suprema verdade de quem somos em Cristo.

Já é possível ouvir o fariseu tripudiando sobre você, não é verdade? *Eu avisei que se tratava de fazer, e fazer tem tudo a ver com a lei, e eu conheço a lei mais do que ninguém; portanto, ganhei!*

Imagino que já tenhamos discutido isso. Construir uma auto-imagem baseada em atos religiosos conduz à ilusão da justiça própria. Quando nossa percepção do eu está vinculada a alguma tarefa em particular — seja dando comida aos pobres, seja despertando uma consciência ecológica segundo a Bíblia, quer pregando, quer ensinando — o trabalho, não o amor, torna-se nosso principal valor; perdemos contato com nosso verdadeiro eu e a feliz combinação de dignidade misteriosa com pó metido a besta, que é o que realmente somos.

Assim mesmo...

Gostaria de dizer que, acima de qualquer outra coisa, o que fazemos em Cristo pode expressar a suprema verdade de quem

[15] Prefácio às epístolas de Tiago e Judas, citado por William BARCLAY, *The Letters of James and Peter*, p.7-8.

somos em Cristo. Não estou sugerindo que acumulemos milhas de justiça para ganhar uma passagem aérea para o céu. Mas a realidade de quem somos é de difícil percepção. Estou afirmando o que, penso eu, Frederick Buechner estava querendo dizer quando escreveu:

> A longo prazo, a introspecção não o leva muito longe, pois todas as vezes que você se abstrai para olhar para si mesmo, é possível enxergar tudo com exceção da parte que se abstraiu, e quando você se abstrai para olhar para a parte que se abstraiu e olhar para si mesmo, você está olhando para tudo com exceção daquilo que você realmente está procurando. E assim por diante. Uma vez que as possibilidades de abstração parecem infinitas, você está, em sua tentativa de se enxergar integralmente, condenado a sempre enxergar infinitamente menos do que aquilo que sempre fica para ser visto. Assim, ao acordar pela manhã, chamado por Deus para novamente ser uma pessoa, se você quer saber quem é, olhe para seus pés. Pois aonde seus pés o levam, esta é sua identidade.[16]

É isso que estou insinuando. O hipócrita fabrica. O fariseu falsifica. O filho de Aba ama até acertar.

Não dá para fingir, não por muito tempo.

Simon Tugwell escreveu:

> O que fazemos pode ser muito mais versátil e valer muito mais a pena do que aquilo que está nos bastidores de nossa vida psicológica. E pode ter muito mais significado para nosso estar em Deus, pois pode expressar seu verdadeiro propósito, mesmo enquanto não expresse algo que possamos chamar de nosso propósito.[17]

[16] *The Alphabet of Grace*, p. 24-25.

[17] *The Beatitudes: Soundings in Christian Traditions*, p. 54-55.

Paulo também fala sobre essa questão:

> Agora, glória seja dada a Deus, que pelo seu grandioso poder operando em nós é capaz de fazer muito mais do que nós jamais ousaríamos pedir ou mesmo imaginar, infinitamente além de nossas mais sublimes orações, anseios, pensamentos ou esperanças.[18]

O que faria Gandhi?

O compromisso cristão não é um conceito vago que pode ter qualquer sentido que desejemos lhe atribuir. É uma forma de estar no mundo, mas é concreta, visível, corajosa e inspira temor. É configurada por escolhas que fazemos todos os dias, escolhas que confirmam nosso desejo santo de viver na ressurreição para o tempo presente. Um compromisso que não se torne paulatinamente visível na forma de serviço humilde, discipulado compassivo e amor criativo não passa de uma ilusão.

> E todo aquele que ouve estas minhas palavras e não as pratica será comparado a um homem insensato que edificou a sua casa sobre a areia; e caiu a chuva, transbordaram os rios, sopraram os ventos e deram com ímpeto contra aquela casa, e ela desabou, sendo grande a sua ruína.[19]

Que tristeza, aquela casa na praia! Enquanto durou, tinha uma vista magnífica.

Talvez a razão por que os garotos-propaganda da teologia cristã pareçam bater sempre na mesma tecla — a tecla da salvação pessoal — seja o fato de que, comparados com um hindu acima da média, eles entendem menos o que Jesus estava dizendo. Gandhi não podia ser mais claro quando se referia à

[18] Efésios 3:20, A Bíblia Viva.
[19] Mateus 7.26-27.

diferença entre Cristo e cristianismo. Veja se esta carapuça tem o seu tamanho:

> Quando comecei com reverência a estudar a literatura cristã na África do Sul em 1893, eu vivia me perguntando: "Cristianismo é isto?". E não podia dar outra resposta que não fosse "Não, não. Com certeza isso que eu vejo não é cristianismo". E no fundo do meu ser eu sabia que estava certo, pois aquilo não era digno de Jesus e não fazia jus ao Sermão do Monte.[20]

Ou esta:

> A Europa não crê [no Novo Testamento] [...] Eles alegam respeitá-lo, embora somente alguns conheçam e observem a religião de paz pregada por Cristo.[21]

Ou esta:

> Se, então, eu ficasse frente a frente apenas com o Sermão do Monte e minha própria interpretação dele, eu não teria dúvidas em dizer: "Sim, sou cristão". Mas sei que, no presente momento, se eu dissesse algo assim, estaria sujeito a ser muito mal-interpretado.
>
> Numa abordagem negativa, digo-lhes que, em minha opinião, muito do que por aí chamam de cristianismo é uma negação do Sermão do Monte. Por favor, atentem para minhas palavras. Neste momento, não estou me referindo à conduta cristã especificamente, mas falando da fé cristã, falando de cristianismo, aquilo que o Ocidente entende como cristianismo.[22]

[20] Citado em C. F. Andrews, *Mahatma Gandhi's Ideas: Including Selections from His Writings*, p. 95.

[21] Citado em Rashmi-SudhaPuri, *Gandhi on War and Peace*, p. 17.

[22] Andrews, p. 94

Gandhi até gostaria de não nos criticar por deixarmos de viver à altura do supremo chamado da fé cristã. Mas, com base no que ele via os cristãos fazendo pelo mundo, sua triste conclusão foi que nós nem sequer *cremos* na coisa certa. Se você acha que ele estava completamente errado, leia o Sermão do Monte e compare o com o tratamento que cristãos dispensam a seus inimigos. Nesse ponto, temos de dar a mão à palmatória. Ou nos preparar para agüentar uma onda de braçadeiras com a inscrição "O que faria Gandhi?".[23]

O serviço cristão não é emoção, nem jeito, nem sentimento; é uma decisão de seguir o exemplo de Jesus, mesmo quando não estamos com muita vontade.

Escute as batidas do meu coração

O forte realismo do quadro que a Bíblia apresenta de Cristo não dá margem a idealismo romântico nem a sentimentalismo piegas. Na noite anterior à sua execução, Jesus lavou os pés dos discípulos.

> Depois de lhes ter lavado os pés, tomou as vestes e, voltando à mesa, perguntou-lhes: Compreendeis o que vos fiz? Vós me chamais o Mestre e o Senhor e dizeis bem; porque eu o sou. Ora, se eu, sendo o Senhor e o Mestre, vos lavei os pés, também vós deveis lavar os pés uns dos outros. Porque eu vos dei o exemplo, para que, como eu vos fiz, façais vós também. Em verdade, em verdade vos digo que o servo não é maior do que seu senhor, nem o enviado, maior do que aquele que o enviou. Ora, se sabeis estas coisas, bem-aventurados sois se as praticardes.[24]

O serviço cristão não é emoção, nem jeito, nem sentimento; é uma decisão de seguir o exemplo de Jesus, mesmo quando não

[23] O Sermão do Monte pode ser lido em Mateus, capítulos 5 a 7.
[24] João 13:12-17.

estamos com muita vontade. Algumas horas depois do episódio do lava-pés, Jesus não estava com muita vontade de sacrificar sua vida pela humanidade: "Adiantando-se um pouco, prostrou-se sobre o seu rosto, orando e dizendo: Meu Pai, se possível, passa de mim este cálice! Todavia, não seja como eu quero, e sim como tu queres".[25] Jesus encontrava *em seu Aba* a força para prestar-lhe obediência, não em suas reservas emocionais. Isso é bem melhor do que uma história que termine assim: *eu ia salvar o mundo... mas na hora não me deu vontade.* Graças a Deus, Jesus era quem ele era e fez o que o Pai pediu-lhe que fizesse. Deus nos ajude a fazer o mesmo.

Quando o *ser* está divorciado do *fazer,* os pensamentos piedosos tornam-se um substituto adequado para o ato de lavar pés sujos. O chamado que Jesus faz a uma vida de servo é um chamado que nos afasta do padrão secular da importância humana e nos aproxima do desejo santo em relação a alguma coisa que nunca desaparece. Ao participarmos da experiência do lava-pés, Jesus se dirige diretamente a nós, olha em nossos olhos e faz esta maravilhosa declaração: *se você quer saber como é Deus, olhe para mim. Se você quer aprender que o seu Deus não vem para impor regras, mas para redimir, olhe para mim. Se você quer a garantia de que a história do amor de Deus não é algo inventado pelo homem, encoste a cabeça em meu peito e escute as batidas do meu coração.*

Dilema de cão

Um cão de inteligência mediana (ou seja, quase nenhuma inteligência) está deitado na terra, roendo um osso. O osso, uma vez parte vital da estrutura de alguma vaca, está agora destituído de tutano e umidade, inútil para outra coisa que não seja estimular as gengivas do animal e exercitar a mandíbula.

Você se aproxima do cachorro com as mãos para trás, ele olha para você meio desconfiado. Você fala suavemente, ele abana

[25] Mateus 26:39.

um pouco o rabo, dá um sorriso de cachorro e põe uma pata em cima do osso, farejando o ar sem muita certeza.

Passado um momento, ele volta para o osso com uma lambida e está pronto para começar a roer de novo, mas você tira as mãos de trás e mostra um bife de uns duzentos gramas fresquinho. Essa manobra capta a atenção do animal e ele abana o rabo mostrando sua aprovação enquanto de novo cobre o osso com a pata. Você precisa tratar bem um ser humano com um bife fresquinho na mão — ele sabe disso, mas não se lembra o porquê.

Você sorri e estica um pouco o braço — aquele que traz o bife na sua extremidade. O cachorro também sorri e se lambe. Você experimenta dar meio passo adiante, estendendo o bife como se o estivesse oferecendo, e ele, depois de um momento de indecisão paralisante, fica de pé e pega o osso, sem tirar os olhos de você.

Você dá mais meio passo adiante. Não há nada de diferente, você continua a sorrir e a oferecer a carne, pensando que, por ser ele o seu cachorro, aquele que vai sorrateiramente para sua cama quando você pega no sono, que lambe sua mão suja de gordura de frango frito e bebe a água do seu vaso sanitário — você pensa que o animal vai interpretar sua aproximação como algo promissor. Mas, é incrível, ele se afasta, com os olhos procurando uma rota de fuga para que não fique encurralado e você possa fazer algo terrível.

Essa não é absolutamente sua intenção. Você quer apenas agradá-lo e lhe oferece um bifão como prova disso. Mesmo que haja no bife algum remédio para cachorro, isso também é para o bem dele, e você espera que o animal, se não sabe de nada, saiba pelo menos disso.

E para fazer justiça, ele desconfia de um jeito meio vago e indefinido — você é aquela pessoa que sai e depois volta de uma forma tão impressionante, e ele não tem idéia de como você faz isso, mas fica admirado todas as vezes em que isso acontece. E você é aquele que sempre lhe dá comida, atenção e até brinca com ele. Ele o ama e fica eufórico quando ouve o barulho que significa que você vai passar por aquela abertura na parede que aparece e desaparece tão de repente — e ele fica imaginando: como é que isso acontece? E agora lá está você oferecendo-lhe carne; caramba, a aparência é ótima, e ele dilata as narinas quando você balança aquela guloseima saborosa na frente dele; ele não entende direito por que está se afastando com aquele osso duro, se você está ali com um enorme bife fresquinho e ele não precisa fazer outra coisa — ele sabe disso enquanto abaixa o rabo e o abana devagar entre as pernas — ele não precisa fazer outra coisa a não ser soltar o osso. Basta soltar o osso e você com quase toda a certeza — ele não sabe por que você o faria, mas não lhe cabe questionar; pelo que se lembra, ele não fez nada para merecer o bife, mas você é uma pessoa muito boa; isso explica um pouco por que ele o ama — com quase toda a certeza você lhe dará a carne, e ele só precisa soltar o osso, e, puxa vida, esse pedaço de carne é lindo, e o osso está seco, e ele pegaria a carne em um segundo, pois confia em você e vê que você está segurando o bife bem na sua frente, quase encostando em seu focinho. Mas o rabo está entre as pernas, e ele quase não o abana mais — naquelas circunstâncias, é muita pressão para um cachorro — e quais são as circunstâncias? Você está com o bife, ele é lindo, e é claro que você o entregará se ele soltar o osso, mas você precisa entender uma coisa: o bife é só uma promessa, e ele sabe que um osso pode não ser muita coisa, mas o osso é uma realidade concreta e está com ele.

Esse é o dilema do cão. Você entendeu a dificuldade do animal, não entendeu?[26]

O hipócrita, mentiroso bem-intencionado, não é nada se não for coerente. *Lide com esse osso como se fosse a melhor coisa que você já saboreou. Venda-o! Você consegue fazer com que acreditem, se o vender; eles*

[26] Minha gratidão a Bill Reif, que, há muito tempo, fez algo semelhante ao *Dilema de cão* para os alunos de ensino médio da Primeira Igreja Presbiteriana de Colorado Springs, no Colorado.

querem acreditar; dê-lhes o que eles querem, e eles lhe darão o que você quer. Olhe, tomei a liberdade de contratar um consultor de beleza e um publicitário. Acho que não estamos fazendo o melhor que podemos da perspectiva de ex-criminosos que se converteram à fé cristã. Imagino que você nunca esteve preso de verdade, esteve? Porque isso renderia um livro, talvez uma série. Confesso que estou empolgado com isso, muito empolgado mesmo!

O fariseu, rígido embaixador da raça dominante, não faz outra coisa a não ser desprezar você e seus semelhantes. *Rasgue isso e comece tudo outra vez. Você não tem jeito mesmo. Não entendo por que você se empenha. Tudo bem, ouça: vamos de novo mais uma vez. Você compareça para entrar em forma todas as vezes, sem se atrasar; e venha preparado. Vista-se como eu, fale como eu, coma o que eu como, e só o que eu como. Não haverá excursões fora do perímetro interno nem confraternizações com o inimigo. Alguma pergunta? Não achei que houvesse. Agora, pegue este fio de telefone, vá para seu aposento e chicoteie-se até dormir. E não se esqueça do seu osso!*

• • •

Nada disso tem relação com Jesus e sua ressurreição para o tempo presente. Nada disso tem relação com desejo santo. Nada disso tem relação com as batidas do coração do Rabino. Nada disso tem relação, qualquer que seja, com a realidade de ser filho de Aba. Então, seja lá o que for e não importa por quanto tempo você esteve se alimentando dele, agora acabou; ele não vai ficar mais gostoso nem mais nutritivo do que isso. Então, venha, solte o osso, pegue a carne. E há mais no lugar de onde ela veio.

A palavra final fica com o apóstolo Paulo:

> Portanto, tomai toda a armadura de Deus, para que possais resistir no dia mau e, depois de terdes vencido tudo, permanecer inabaláveis.[27]

[27] Efésios 6:13.

Bibliografia

Agudo, Philomena. "Intimacy", em *The Third Psychotheological Symposium.* Whitinsville: Affirmation, 1978.

Andrews, C. F. *Mahatma Gandhi's Ideas: Including Selections from His Writings.* Londres: The Macmillan Company, 1930.

Barclay, William. *The Letters of James and Peter.* Filadélfia: Westminster, 1976.

Barry, William. *God's Passionate Desire and Our Response.* Notre Dame: Ave Maria, 1993.

Berry, Wendell. *The Hidden Wound.* San Francisco: North Point, 1989.

Bradshaw, John. *Home Coming.* New York/Toronto: Bantam, 1990 [publicado no Brasil sob o título *Volta ao lar.* Rio de Janeiro: Rocco, 1993].

Buechner, Frederick. *The Alphabet of Grace.* New York: Harper and Row, 1970.

_____. *The Clown in the Belfry.* San Francisco: Harper and Row, 1992.

_____. *The Magnificent Defeat.* San Francisco: Harper and Row, 1966.

DeMello, Anthony. *Awareness: A Spirituality Conference in His Own Words.* New York: Doubleday, 1990.

_____. *The Way to Love.* New York: Doubleday, 1991.

Dillard, Annie. *Teaching a Stone to Talk.* New York: Harper Perennial, 1982.

EAGAN, John. A *Traveler Toward the Dawn.* Chicago: Loyola University, 1990.

FINLEY, James. *Merton's Palace of Nowhere.* Notre Dame: Ave Maria, 1978.

FOSTER, Richard J. *Prayer, Finding the Heart's True Home.* San Francisco: Harper and Row, 1992 [publicado no Brasil sob o título *Oração,* o *refúgio da alma.* Campinas: Cristã Unida, 1996].

FURLONG, Monica. *Merton: A Biography.* San Francisco: Harper and Row, 1980.

GILL, Jean. *Unless You Become Like a Child.* New York: Paulist, 1985 [publicado no Brasil sob o título *Se não vos tornardes como crianças.* São Paulo: Paulinas, 1988].

GRAY, Donald. *Jesus — The Way to Freedom.* Winona: St. Mary's College, 1979.

HEMINGWAY, Ernest. *A Farewell to Arms.* New York: Scribner's and Sons, 1957.

HOWATCH, Susan. *Glittering Images.* New York: Ballantine, 1987 [publicado no Brasil sob o título *Amor profano.* Rio de Janeiro: Record, 1990].

IMBACH, Jeffrey D. *The Recovery of Love.* New York: Crossroad, 1992.

JEREMIAS, Joachim. *The Parables of Jesus.* New York: Charles Scribner, 1970 [publicado no Brasil sob o título As *parábolas* de *Jesus.* São Paulo: Paulinas, 1991 (6ª ed.)] .

JONES, Alan. *Exploring Spiritual Direction.* Minneapolis: Winston, 1982.

JUNG, C. J. *Modern Man in Search of a Soul.* New York: Harcourt, Brace and World Harvest, 1933.

KENNEDY, Eugene. *The Choice to Be Human.* New York: Doubleday, 1985.

KNIGHT, James A. e ROBINSON, Lillian (ed.). *Psychiatry and Religion: Overlapping Concerns.* Washington, DC: American Psychiatric Press, 1986.

KÜNG, Hans. *On Being a Christian.* New York: Doubleday, 1976.

LAMOTT, Anne. *Operating Instructions.* New York: 1993.

LEWIS, C. S. *Letters to an American Lady.* Edited by Clide Kilby. Grand Rapids: Eerdmans, s.d.

_____. *Mere Christianity.* New York: Collier/MacMillan, 1952 [publicado no Brasil sob o título *Cristianismo puro e simples.* São Paulo: Martins Fontes, 2005].

_____. *The Weight of Glory and Other Addresses.* New York: Macmillan, revised and expanded, 1980 [publicado no Brasil sob o título *Peso de glória.* São Paulo: Vida Nova, 1993].

MANNING, Brennan. *Lion and Lamb: The Relentless Tenderness of Jesus*, Old Tappan: Revell/Chosen, 1986.

_____. *The Ragamuffin Gospel.* Portland: Multnomah, 1990 [publicado no Brasil sob o título O *evangelho maltrapilho.* São Paulo: Mundo Cristão, 2005].

_____. *A Stranger to Self-Hatred.* Denville: Dimension, 1982.

MASTERSON, James. *The Search for the Real Self.* New York: Free, 1988.

MAY, Gerald O. *Addiction and Grace.* San Francisco: Harper and Row, 1988.

MCKENZIE, John. *Source: What the Bible Says About the Problems of Contemporary Life.* Chicago: Thomas More, 1984.

MCNAMARA, William. *Mystical Passion.* Amity: Amity House, 1977.

MERTON, Thomas. *The Hidden Ground of Love: Letters.* New York: Farrar, Strauss, Giroux, 1985.

_____. *New Seeds of Contemplation.* New York: New Directions, 1961.

MOON, William Least Heat. *Blue Highways.* New York: Fawcett Crest, 1982.

NORWICH, Juliana de. *The Revelations of Divine Love.* New York: Penguin, 1966.

NOUWEN, Henri J. M., *Life of the Beloved.* New York: Crossroad, 1992.

_____. *In the Name of Jesus.* New York: Crossroad, 1989.

O'CONNOR, Flannery. *The Collected Works of Flannery O'Connor.* New York: Farrar, Strauss, Giroux, 1991.

PECK, M. Scott. *The Road Less Traveled.* Touchstone, 2003 [publicado no Brasil sob o título *A trilha menos percorrida.* São Paulo: Record].

RUSSELL, Bertrand. *Why I Am Not a Christian.* New York: Doubleday, 1991 [publicado no Brasil sob o título *Por que não sou cristão.* São Paulo: Exposição do Livro, 1960].

SCHILLEBEECKX, Edward. *The Church and Mankind.* New York: Seabury, 1976.

SEAMANDS, David. *Healing for Damaged Emotions.* Wheaton: Victor, 1981 [publicado no Brasil sob o título *Cura para os traumas emocionais.* Belo Horizonte: Betânia, 1984].

SHEA, John. *Starlight.* New York: Crossroad, 1993.

SUDHAPURI, Rashmi. *Gandhi on War and Peace.* New York: Praeger Publishers, 1987.

TOZER, A. W. *The Knowledge of the Holy.* New York: Harper & Row, 1961.

TUGWELL, Simon. *The Beatitudes: Soundings in Christian Tradition.* Springfield: Templegate, 1980.

TYLER, Anne. *Saint Maybe.* New York: Simon & Schuster, 1982.

TYRELL, Thomas J. *Urgent Longings: Reflections on the Experience of Infatuation, Human Intimacy, and Contemplative Love.* Whitinsville: Affirmation, 1980.

VAN BREEMAN, Peter G. *Called by Name.* Denville: Dimension, 1976.

WICKS, Robert J. *Touching the Holy.* Notre Dame: Ave Maria, 1992.

WILDER, Thornton. *The Angel That Troubled the Waters and Other Plays.* New York: Coward-McCann, 1928.

WILLIAMS, H. A. *True Resurrection.* London: Mitchell Begley, 1972.

Sobre os autores

BRENNAN MANNING é escritor e conferencista. Dirige retiros espirituais para pessoas de todas as idades e grupos sociais. É autor de mais de dez livros, incluindo *O impostor que vive em mim* e *O evangelho maltrapilho*, ambos publicados pela Mundo Cristão. Reside na cidade de Nova Orleans e viaja muito pelos Estados Unidos e pelo exterior, divulgando as boas notícias do amor incondicional de Deus.

JIM HANCOCK trabalhou durante duas décadas com adolescentes e famílias, antes de voltar-se para a produção de filmes, livros e palestras para estudantes, líderes de mocidade e pais. Já produziu quase duzentos documentários juvenis. É produtor de uma série de vídeos educativos muito popular nos Estados Unidos chamada *Edge TV.* Também é autor de livros publicados em inglês e espanhol.

Compartilhe suas impressões de leitura escrevendo para:
opiniao-do-leitor@mundocristao.com.br
Acesse nosso *blog*: www.mundocristao.com.br/blog

Diagramação: Janete Dias Celestino Leonel
Fonte: Calisto MT
Gráfica: Imprensa da Fé
Papel: Spbright 70/gm² (miolo)
Papel: Art Premium 250/gm² (capa)